Impressum
Verlag: BABADADA GmbH, Nedderfeld 112 , 22529 Hamburg
Geschäftsführer / Verlagsleitung: Harald Hof
Druck: Books on Demand GmbH, In de Tarpen 42, 22848 Norderstedt

Imprint
Publisher: BABADADA GmbH, Nedderfeld 112 , 22529 Hamburg, Germany
Managing Director / Publishing direction: Harald Hof
Print: Books on Demand GmbH, In de Tarpen 42, 22848 Norderstedt, Germany

skóli
dugsi

kennslustofa
fasal
deila
qeybi
186/2
tafla
sabuurad
skólalóð
barxad dugsi
kennari
macallin
pappír
warqad
skrifa
qorraxeed
penni
qalin
skrifborð
miis
reglustika
mastarad
bók
buug
nemandi
arday

skólataska
boorso

pennaveski
kiis qalin-qori

blýantur
qalin-qori

yddari
koobka qalin qor

strokleður
titirre

teikniblað
buugga sawirka

teikning

sawirid

pensill

burushka midabaynta

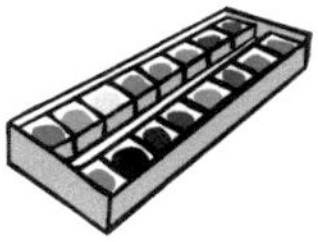

litakassi

gasaca midabaynta

skæri

maqasyo

lím

koollo

æfingabók

buug qoraal

heimavinna

shaqo-guri

12

númer

lambar

2+2

leggja saman

ku dar

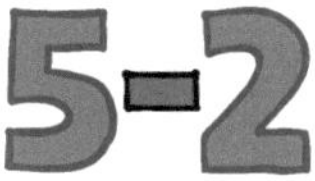
5-2

draga frá

ka jar

2×2

margfalda

ku dhufo

42

reikna

xisaabi

A

bréf

warqad

ABCDEFG
HIJKLMN
OPQRSTU
VWXYZ

stafróf

alifbeeto

hello

orð

erey

texti

qoraal

lesa

akhri

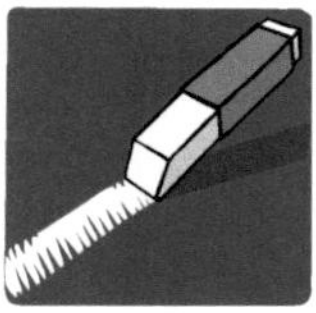

krít

jeesto

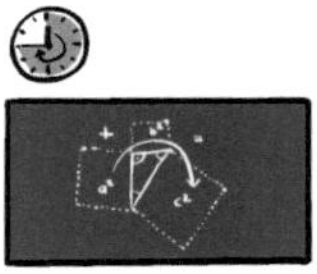

kennslustund

cahsar

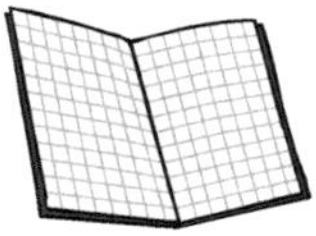

kladdi

diiwaan

próf

imtixaan

vottorð

shahaado

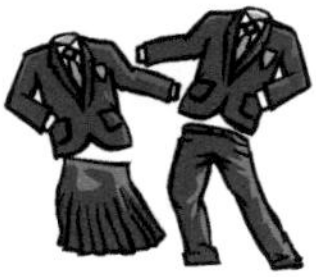

skólabúningur

direes dugsi

menntun

waxbarasho

alfræðirit

diwaan mowduuceed

háskóli

jaamacad

smásjá

mayskariskoob

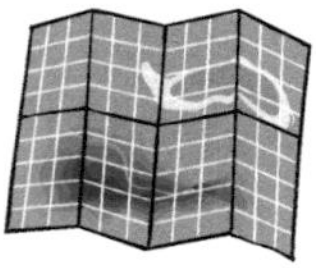

kort

khariidad

ruslakarfa

haan qashin-gur

hótel
hotee
Grand
farfuglaheimili
hoteel jiif-cunto
ROOMS
EXCHANGE
gjaldeyrisskipti
xafiiska sarrifaka lacagaha
ferðataska
shandad-dhar
bíll
baabuur

tungumál

luuqad

já / nei

haa / maya

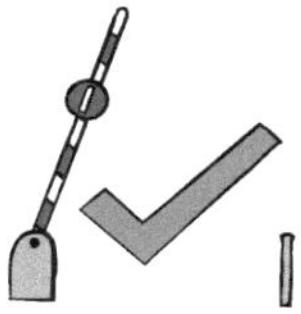

allt í lagi

Hagaag

halló

nabad miyaa

þýðandi

turjumaan

takk fyrir

Waad mahadsan tahay

hvað kostar…?

waa immisa…?

Ég skil ekki

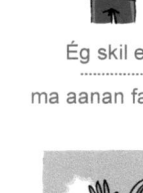

ma aanan fahamin

vandamál

dhibaato

Gott kvöld!

galab wanaagsan!

Góðan dag!

subax wanaagsan!

Góða nótt!

habeen wanaagsan!

bless bless

nabad gelyo

átt

jiho

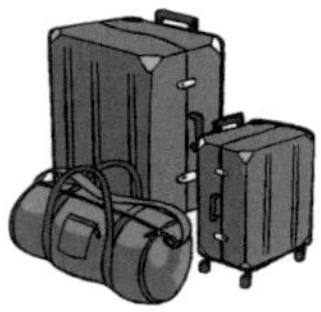

farangur

alaabo

taska

boorso

bakpoki

boorso-dhabar

gestur

marti

herbergi

qol

svefnpoki

katiifad

tjald

teendho

upplýsingamiðstöð

xog dalxiis

strönd

xeebta

BANK XY
1234 5678 9012 3456

kreditkort

kaar amaah

morgunverður

quraac

hádegisverður

qado

kvöldmatur

casho

farmiði

rasiid

lyfta

wiish

70

frímerki

tiimbare

landamæri

xuduud

tollur

qeybta-canshuur-bixinta

sendiráð

safaarad

vegabréfsáritun

dal ku gal

PASSPORT

vegabréf

baasaboor

samgöngur
gaadiid

flugvél
dayaarad
skip
markab
slökkviliðsbíll
matoor
strætó
bas
vörubíll
gaari xamuul ah
vélbátur
doon-matooreey
hjól
mooto
bíll
baabuur

ferja

doon

bátur

doonnida

mótorhjól

mooto

lögreglubíll

baabuur booliis

kappakstursbíll

baabuur baratan

bílaleigubíll

baabuur la-kiraysto

bílasamneyti

gaadiid-wadaag

dráttarbíll

wiishle

öskubíll

gaari qashin-gure

vél

matoor

eldsneyti

shidaal

bensínstöð

ajib

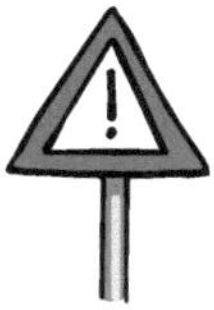

umferðarskilti

calaamad taraafiko

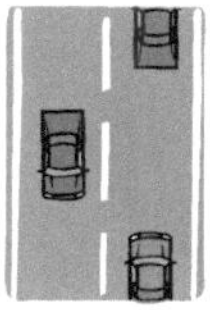

umferð

taraafiko

umferðarteppa

jaam baabuur

bílastæði

baarkin-baabuur

lestarstöð

boosteejo tareen

járnbrautarteinar

waddo-tareen

lest

tareen

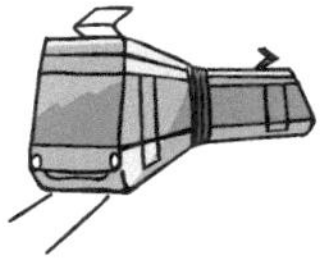

sporvagn

taraam

vagn

gaari faras

þyrla

helikobtar

flugvöllur

garoonka dayuuradaha

turn

manaarad

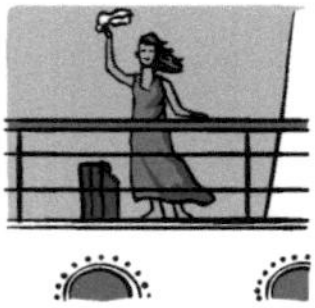

farþegi

rakaab

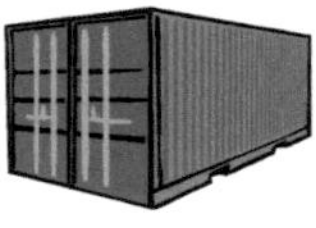

gámur

weel

pappakassi

kartoon

kerra

gaari faras

karfa

dambiil

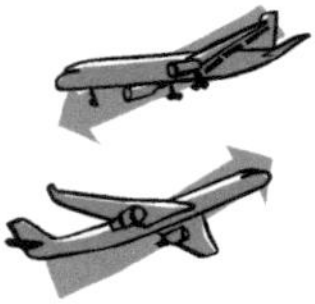

takast á loft / lenda

kicid / degis

borg
magaalo

þorp

tuulo

miðbær

faras magaale

hús

guri

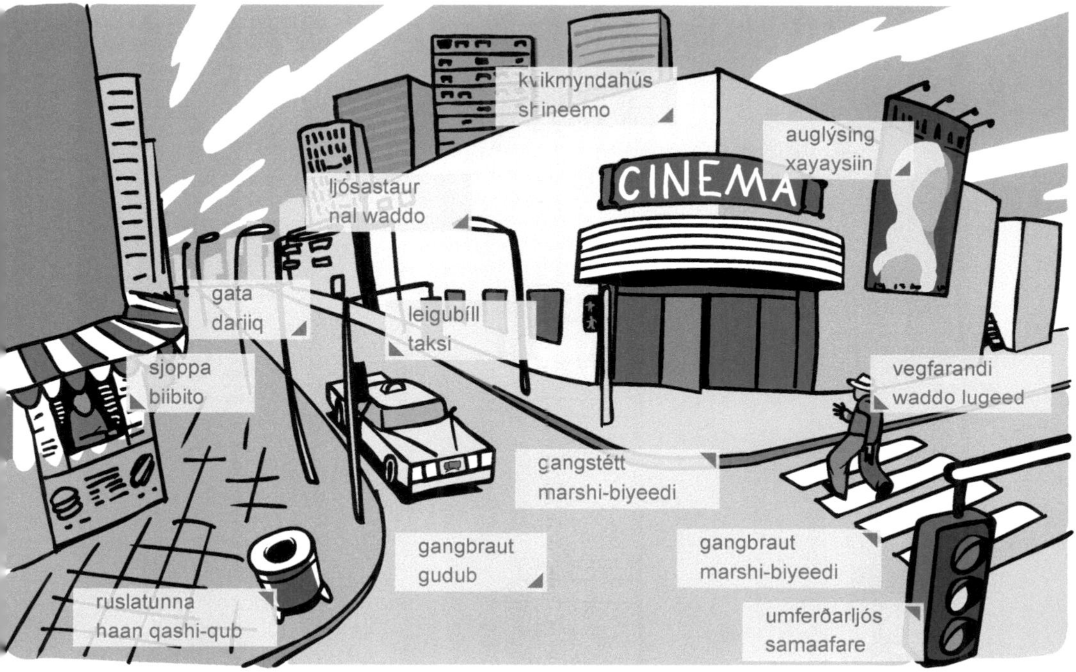
kvikmyndahús
shineemo
auglýsing
xayaysiin
CINEMA
ljósastaur
nal waddo
gata
dariiq
leigubíll
taksi
sjoppa
biibito
vegfarandi
waddo lugeed
gangstétt
marshi-biyeedi
gangbraut
gudub
gangbraut
marshi-biyeedi
ruslatunna
haan qashi-qub
umferðarljós
samaafare

skáli

mundul

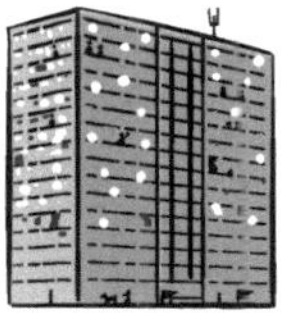

íbúð

dabaq

lestarstöð

boosteejo tareen

ráðhús

xarunta dowladda-hoose

MUSEUM

safn

matxaf

skóli

dugsi

háskóli

jaamacad

BANK

banki

bangi

sjúkrahús

isbitaal

Grand

hótel

hoteel

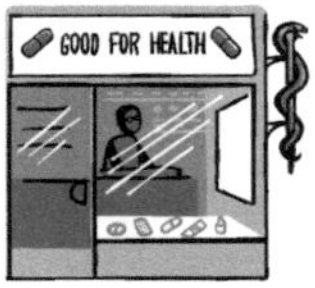
GOOD FOR HEALTH

apótek

farmasi

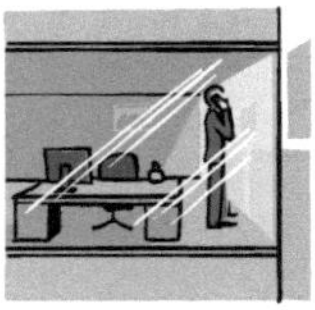

skrifstofa

xafiis

BOOKS
B

bókabúð

buug shoob

heute billig, morgen teuer!

búð

dukaan

FLOWERS

blómabúð

dukaan ubax

S

kjörbúð

carwo

markaður

suuq

MALL
MALL

stórmarkaður

suuq weyne

FISH

fiskbúð

kalluun-iibshe

verslunarmiðstöð

suuq

höfn

furdo

almenningsgarður

jardiino

bekkur

kursi

brú

buundo

stigi

jaraanjaro

neðanjarðarlest

waddo-tareen-hoosaad

göng

waddo-dhul hoose

biðstöð

boosteejo

bar

baar

CHEZ GERALD

veitingastaður

makhaayad

póstkassi

sanduuq boosto

götuskilti

calaamad waddo

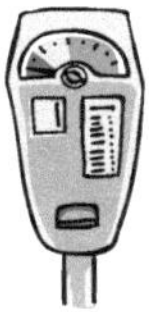

stöðumælir

joogid-cabbire

dýragarður

beer-xayawaan

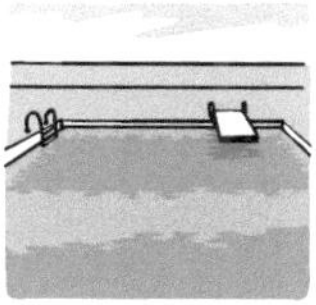

sundlaug

barkad dabbaalasho

moska

masaajid

bær
beer

mengun
naqas

kirkjugarður
qabuuro

kirkja
kaniisad

leiksvæði
garoon

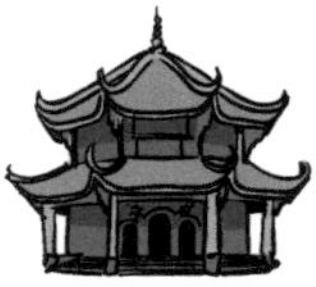

musteri
macbad

landslag
muqaal-dhireed

laufblað
caleen
leiðarvísir
calaamad-waddo
leið
waddo
engi
seere
steinn
dhagax
göngufólk
buur korre
tré
geed
á
webi
gras
caws
blóm
ubax

dalur

dooxo

hæð

buur

stöðuvatn

laag

skógur

kayn

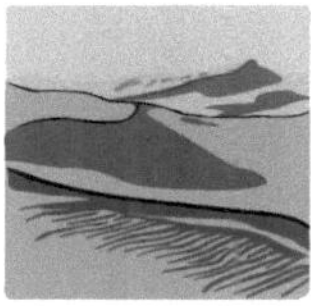

eyðimörk

saxare

eldfjall

foolkaano

kastali

qasri

regnbogi

qaanso-roobaad

sveppur

barkin-waraabe

pálmatré

geed timireed

moskítófluga

kaneeco

fluga

duqsi

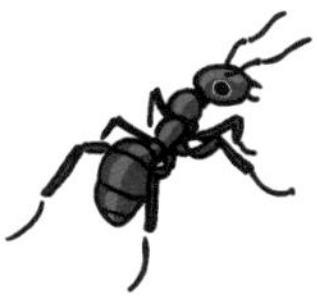

maur

qoraanjo

býfluga

shinni

kónguló

caaro

bjalla

dameer-duudeey

froskur

rah

íkorni

dabagaalle

broddgöltur

kashiito

héri

dabagaalle

ugla

guumeys

fugl

shimbir

svanur

boolo-boolo

villisvín

doofaar-jilibeey

dádýr

deero

elgur

faras-duur

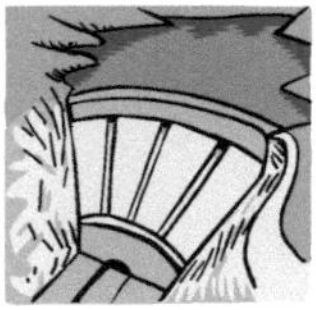

stífla

biyo-xireen

vindmylla

tamar-dhaliye

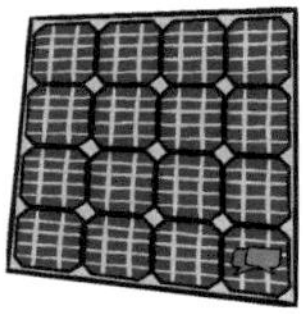

sólarrafhlaða

soollar

loftslag

cimilo

veitingastaður
makhaayad

þjónn
kabalyeeri
matseðill
warqad qiimo
stóll
kursi
súpa
maraq
pizza
biise
dúkur
maro-miis
hnífapör
alaab

forréttur

af-billow

aðalréttur

cunto bariimo

eftirréttur

macmacaan

drykkir

cabitaan

matur

cunto

flaska

dhalo

skyndibiti

cunto diyaarsan

götumatur

cunto-waddo

teketill

jalmad shaah

sykurskál

weelka sonkorta

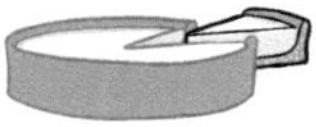

skammtur

qayb

espressovél

mashiinka isbareesada

barnastóll

kursi dheer

reikningur

biil

bakki

tereey

hnífur

mindi

gaffall

fargeeto

skeið

qaaddo

teskeið

malqacad-shaah

servíetta

shukumaan miis

glas

galaas

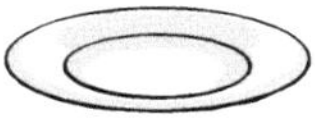

diskur

saxan

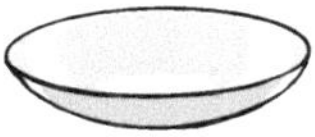

súpudiskur

saxanka maraqa

undirskál

saxan

sósa

suugo

saltstaukur

weelka cusbada

piparkvörn

basbaas shiide

edik

fixiye

olía

saliid

krydd

dhandhanaan

tómatsósa

suugo

sinnep

mastaard

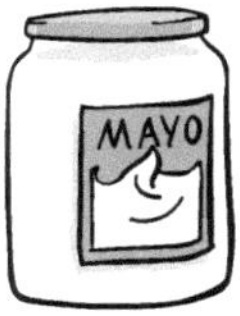
MAYO

majónes

mayoonees

kjörbúð
carwo

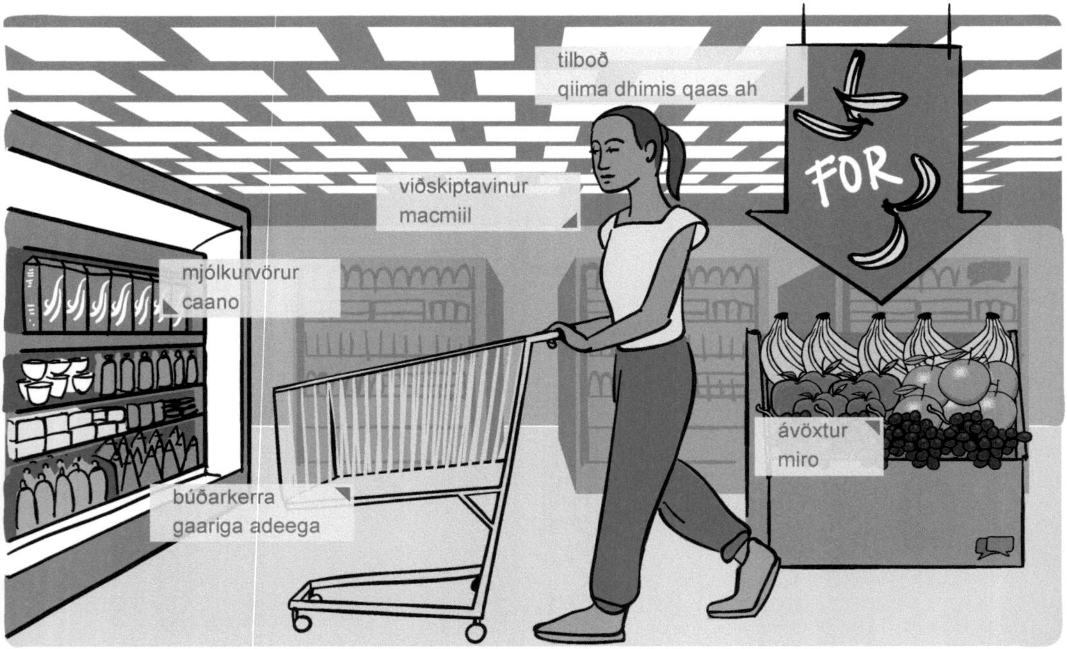

tilboð
qiima dhimis qaas ah
viðskiptavinur
macmiil
mjólkurvörur
caano
FOR
ávöxtur
miro
búðarkerra
gaariga adeega

BUTCHERS

slátrari

kawaan

BAKERY

bakarí

foorno

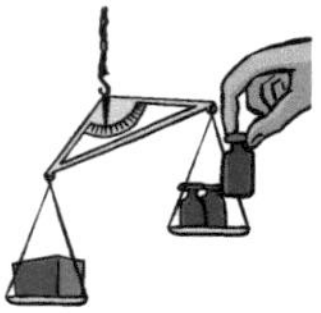

vega

cabbir

grænmeti

khudaar

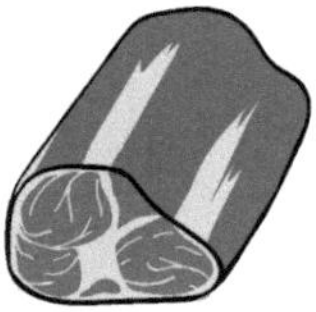

kjöt

hilib

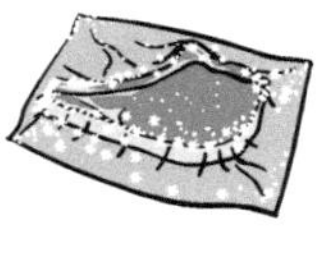

frosinn matur

cunto la qaboojiyay

kjötálegg

hilibka qadada

niðursoðinn matur

cunto gasacadeysan

clean

þvottaefni

oomo

BON BON

sælgæti

macmacaan

vörur til heimilisnota

alaabada guri

hreinsiefni

alaabo nadaafad

afgreiðslukona

iibshe

afgreiðslukassi

diiwaan lacagta

gjaldkeri

qasnaji

innkaupalisti

liis adeeg

OPEN

opnunartímar

saacadaha shaqo

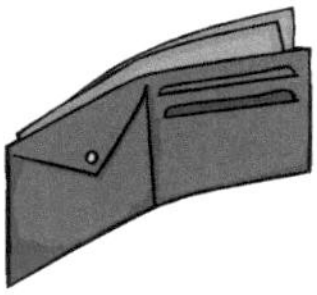

veski

shandada jeebka

BANK XY
1234 5678 9012 3456

kreditkort

kaar amaah

poki

bac

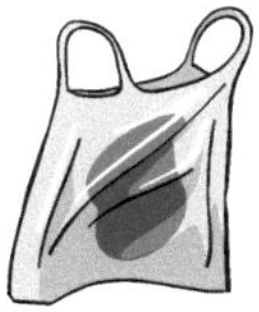

plastpoki

bac

drykkir
cabitaan

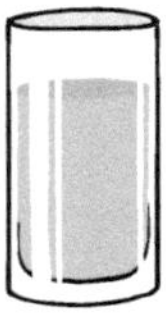

vatn

biyo

safi

casiir

mjólk

caano

kók

kooka-kola

vín

khamri

bjór

biir

áfengi

khamri

CACAO

kakó

kooke

te

shaah

kaffi

kafee

espresso

isberesso

kaffi

koobishiin

matur
cunto

banani

muus

epli

tufaax

appelsínugulur

liin-bambeelmo

melóna

qare

sítróna

liin

gulrót

karooto

hvítlaukur

toon

bambus

baambuu

laukur

basal

sveppir

barkin-waraabe

hnetur

loos

núðlur

baasto

spagettí

baasto

hrísgrjón

bariis

salat

salar

franskar kartöflur

jibsi

steiktar kartöflur

baradho shiilan

pizza

biise

hamborgari

haambeegar

samloka

saanwij

snitsel

hilib-jiir

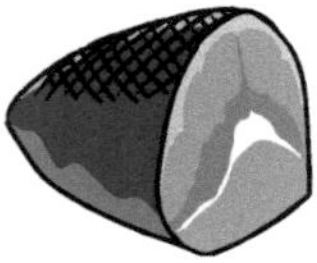

skinka

hilib-doofaar

salami

salami

pylsa

sooseej

kjúklingur

hilib-digaag

steik

duban

fiskur

kalluun

OATS

hafraramjöl

sareenta mashaarida

MUESLI

músli

quraac isku-dhafan

kornflögur

daango

405

hveiti

bur

franskt horn

nooc rooti ah

smábrauð

rooti

brauð

rooti

ristað brauð

rooti-la-kulluleeyɛy

kex

buskud

smjör

subag

ystingur

hanti

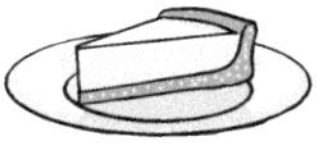

kaka

doolsho

egg

ukun

spælt egg

ukun shiilan

ostur

burcad

ís

jalaato

sykur

sonkor

hunang

malab

sulta

malmalaado

súkkulaðiálegg

labeen macmacaan

karrý

suugo

bær
beer

bóndabær
guri-beereed
hlaða
xero-xoolaad
heybaggi
caws jiilaal
hagi
beer
hestur
faras
kerra
gaari isjiid ah
dráttarvél
cagafcagaf
folald
faras yare
asni
dameer
sauðfé
idaha
lamb
neyl

geit

ri'

kýr

sac

kálfur

weyl

svín

doofaar

grís

dhal doofaar

naut

dibi

gæs

bawaato lab

önd

bawaato

ungi

jiijiile

hæna

digaag

hani

diiq

rotta

doolli

köttur

bisad

mús

jiir

uxi

dibi

hundur

eey

hundakofi

hoyga eeyga

garðslanga

tuubbo waraab

garðkanna

sakeelka waraabinta

ljár

gudin

plógur

carro-roge

sigð

gudin

hlújárn

yaambo

heygaffall

fargeeto caws-beereed

öxi

faas

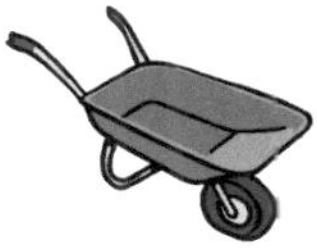

hjólbörur

gaari -gacan

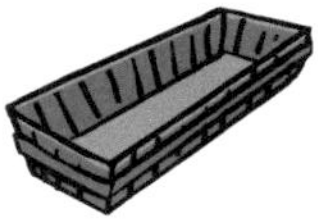

trog

dar

mjólkurfata

dhalada caanaha

poki

jawaan

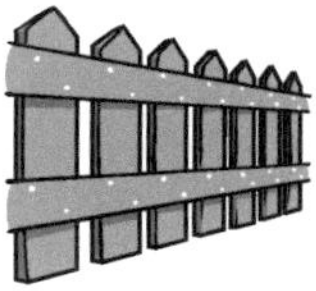

girðing

deer

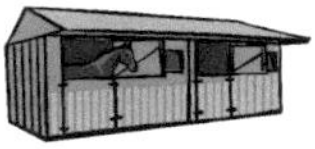

gripahús

xero xooleed

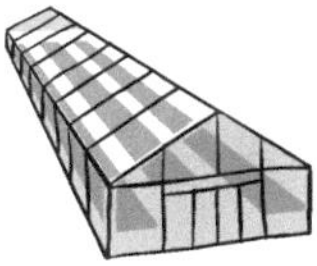

gróðurhús

gur-biqlin-dhireed

jarðvegur

ciidda

fræ

abuuka

áburður

bacrimiye

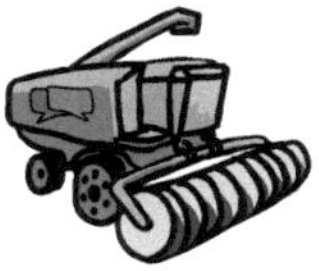

kornskurðarvél

cagafta beer-goynta

uppskera

beer-goyn

uppskera

beer-gooyn

kínverskar kartöflur

moxog

hveiti

sarreen

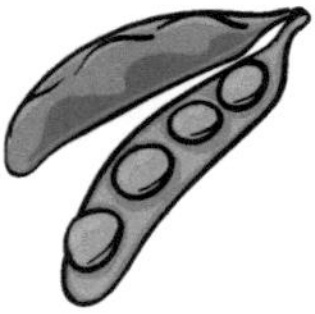

soja

soya

kartafla

baradho

maís

galley

repja

geed-saliideed

ávaxtatré

geed mirood

maníókarót

moxog

korn

firiley

hús
guri

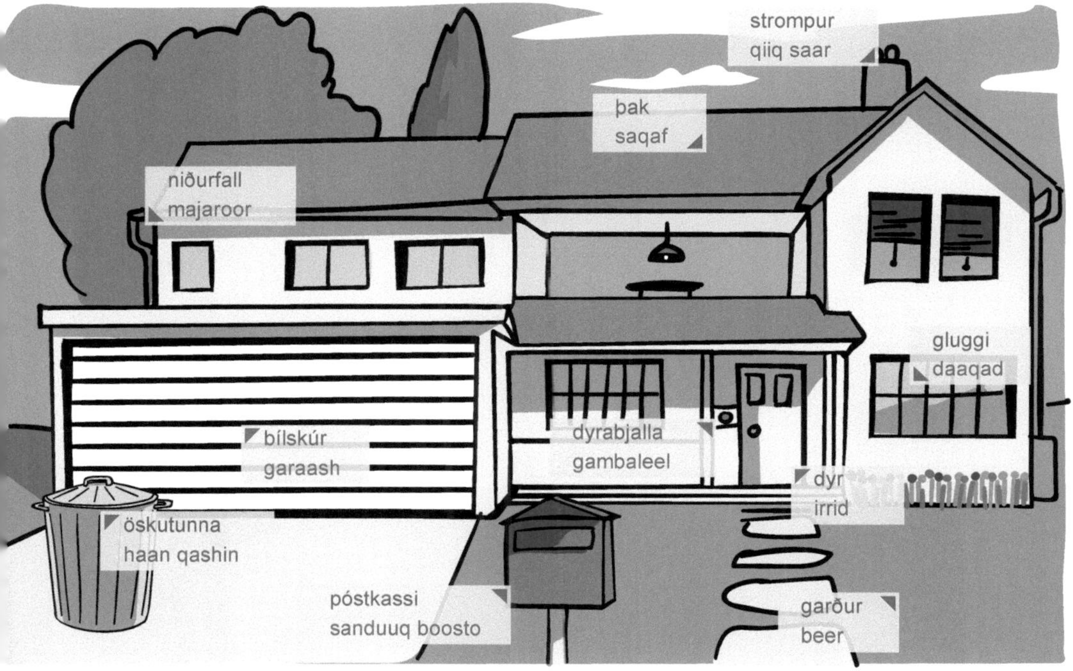
strompur
qiiq saar
þak
saqaf
niðurfall
majaroor
gluggi
daaqad
bílskúr
garaash
dyrabjalla
gambaleel
dyr
irrid
öskutunna
haan qashin
póstkassi
sanduuq boosto
garður
beer

stofa

qol jiib

baðherbergi

musqul-qubeys

eldhús

jiko

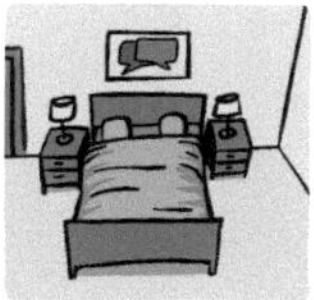

svefnherbergi

qolka jiifka

barnaherbergi

qolka ilmaha

borðstofa

qolka cuntada

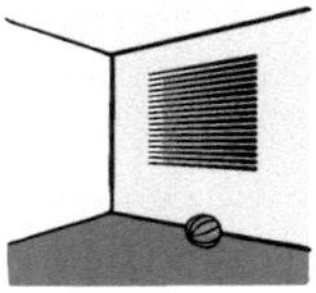

gólf
sagxad

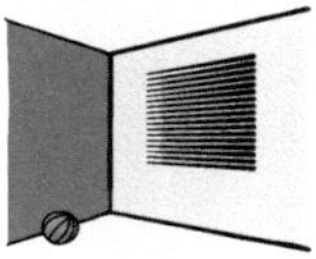

veggur
derbi

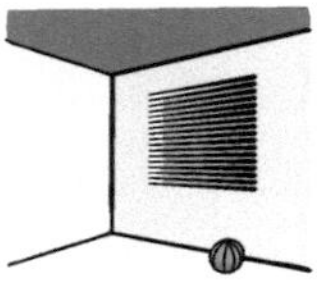

loft
saqaf

kjallari
makhaasiin

gufubað
soona

svalir
balakoon

verönd
daarad

sundlaug
barkad

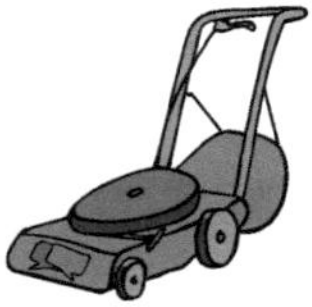

sláttuvél
caws-jare

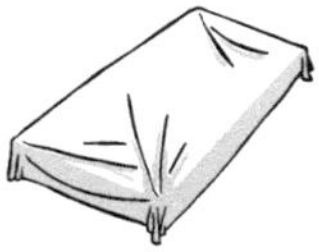

lak
buste

rúmteppi
go'

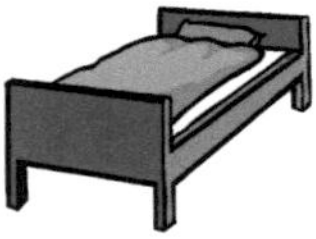

rúm
sariir

kústur
xaaqin

fata
baaldi

rofi
daare-damiye

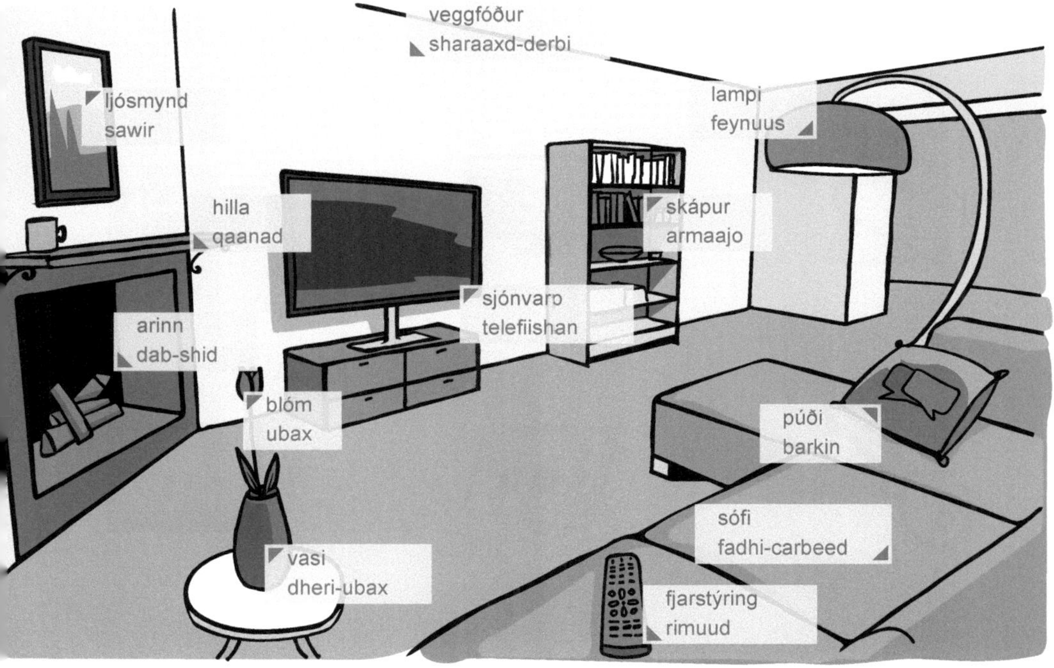
veggfóður
sharaaxd-derbi
ljósmynd
sawir
lampi
feynuus
hilla
qaanad
skápur
armaajo
sjónvarp
telefiishan
arinn
dab-shid
blóm
ubax
púði
barkin
sófi
fadhi-carbeed
vasi
dheri-ubax
fjarstýring
rimuud

teppi

roog

gardínur

daah

borð

miis

stóll

kursi

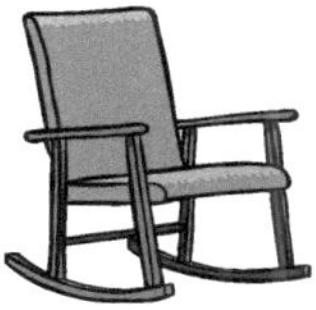

ruggustóll

kursi wareega

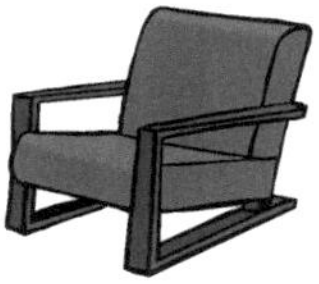

hægindastóll

kursi fadhi

bók

buug

sæng

buste

skraut

qurxin

eldiviður

xaabo

mynd

filin

hljómflutningstæki

cod-baahiye

lykill

fure

dagblað

wargeys

málverk

rinjiyeyn

veggspjald

tabeelo

útvarp

raadiye

minnisbók

xusuus-qor

ryksuga

huufar

kaktus

tiitiin

kerti

shumac

eldhús
jiko

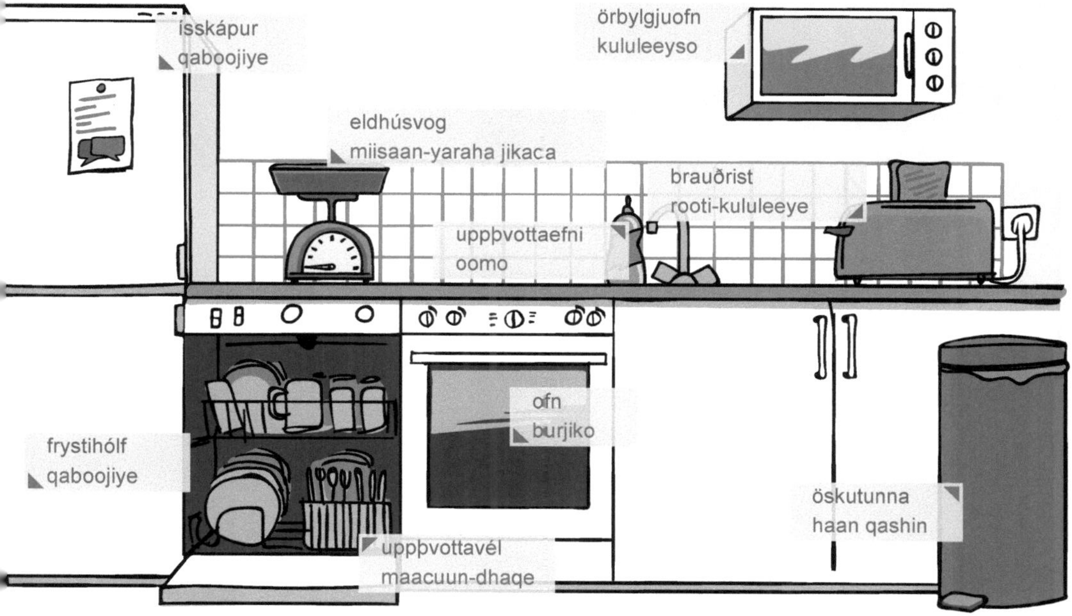
ísskápur
qaboojiye
örbylgjuofn
kululeeyso
eldhúsvog
miisaan-yaraha jikaca
brauðrist
rooti-kululeeye
uppþvottaefni
oomo
ofn
burjiko
frystihólf
qaboojiye
öskutunna
haan qashin
uppþvottavél
maacuun-dhaqe

eldavél

kuuker

pottur

dheri

steypujárnspottur

birtaawo

wok/kadai

birtaawo

panna

birtaawo

ketill

kirli

gufukarfa

uumiye

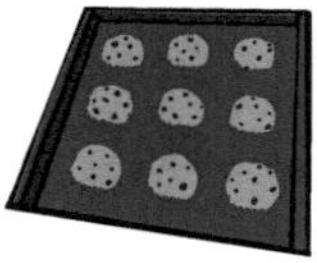

ofnform

saxaarad dubista

leirtau

maacuun

mál

bakeeri

skál

baaquli

prjónar

qoryo wax lagu cuno

ausa

malqacad

spaði

qaado

pískur

folow

sigti

miire

málmsigti

shashaq

rifjárn

qudaar-jare

mortél

mooye

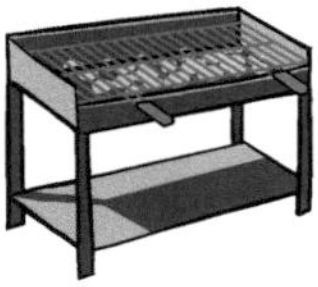

grill

hilib-sol

opinn eldur

dab

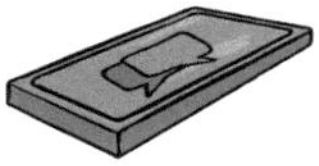

skurðarbretti

alwaaxa wax-jar-jarka

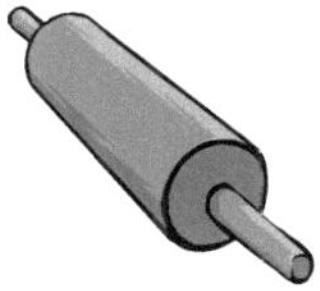

kökukefli

ul jabaati

tappatogari

guf-saare

dós

gasac

dósaopnari

gasac-fure

pottaleppur

istaraasho-jiko

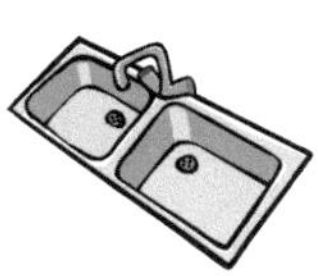

vaskur

saxanka-alaab-dhaqa

bursti

caday

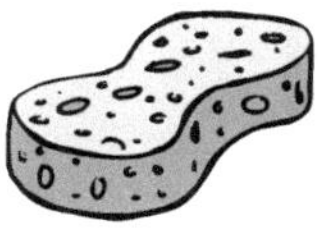

svampur

isbuunyo

blandari

shiide

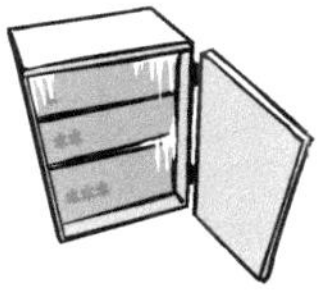

frystir

qaabojin qoto-dheer

peli

masaasad

blöndunartæki

tuubbo

baðherbergi
musqul-qubeys

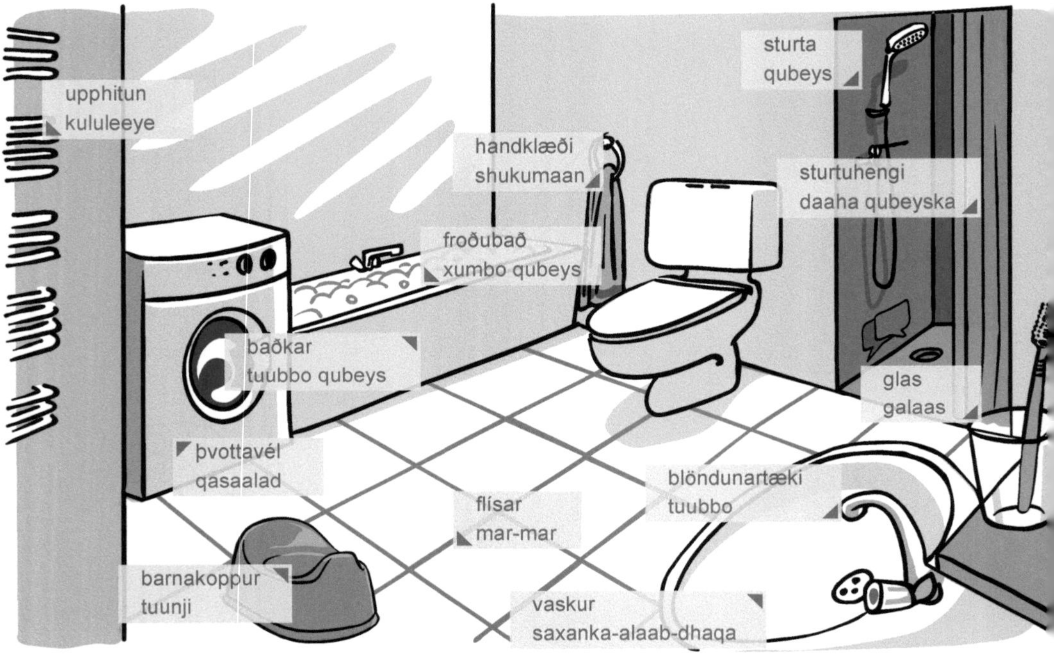

upphitun
kululeeye
handklæði
shukumaan
sturta
qubeys
sturtuhengi
daaha qubeyska
froðubað
xumbo qubeys
baðkar
tuubbo qubeys
glas
galaas
þvottavél
qasaalad
blöndunartæki
tuubbo
flísar
mar-mar
barnakoppur
tuunji
vaskur
saxanka-alaab-dhaqa

salerni

musqul

salerni án setu

musqusha fadhiga

skolskál

siin

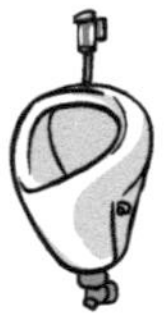

þvagskál

weel kaadi

salernispappír

tiish musqul

salernisbursti

burushka musqusha

tannbursti

caday

tannkrem

daawo cadday

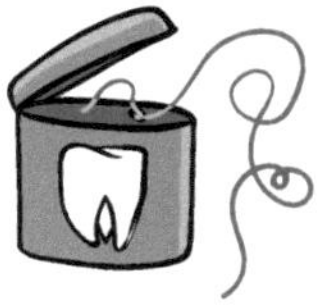

tannþráður

dunta ilka farashada

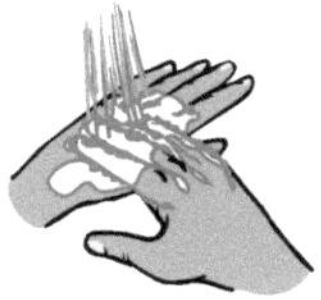

þvo

dhaq

handsturta

gacan qubeys

salernissturta

tuubo-musqul

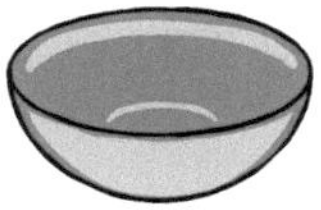

vaskur

beeshin

bakbursti

burush-qubeys

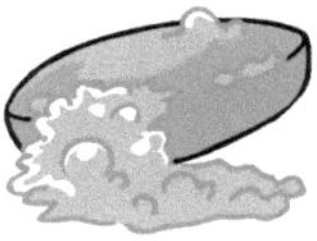

sápa

saabuun

sturtugel

shaambo

sjampó

shaambo

flannel

cago-saar

niðurfall

biyo-saare

krem

kareem

svitalyktareyðir

carfiso

spegill

muraayad

handspegill

muraayad gacmeed

rakskafa

sakiin

raksápa

xumbada xiirashada

rakspíri

daawo gar-xiir

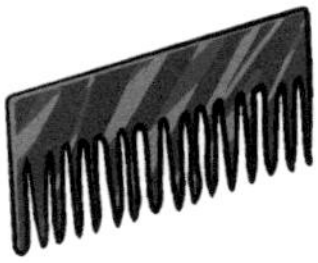

greiða

shanlo

bursti

burush

hárþurrka

fooneeye

hársprey

timo-buufis

farði

waji-qurxiye

varalitur

rooseeto

naglalakk

cidiyo-nadiifiye

bómull

dun

naglaklippur

cidiyo-jar

ilmvatn

baarafuun

þvottapoki

boorso-wajidhaq

kollur

saxaro

vog

miisaan culays

sloppur

dhar-qubeys

gúmmíhanskar

gacma gashi cinjir

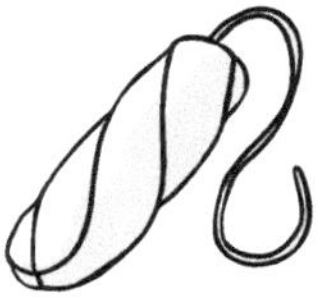

tíðatappi

tambooni

dömubindi

tiimshe

efnasalerni

musqul kiimiko

barnaherbergi
qolka ilmaha

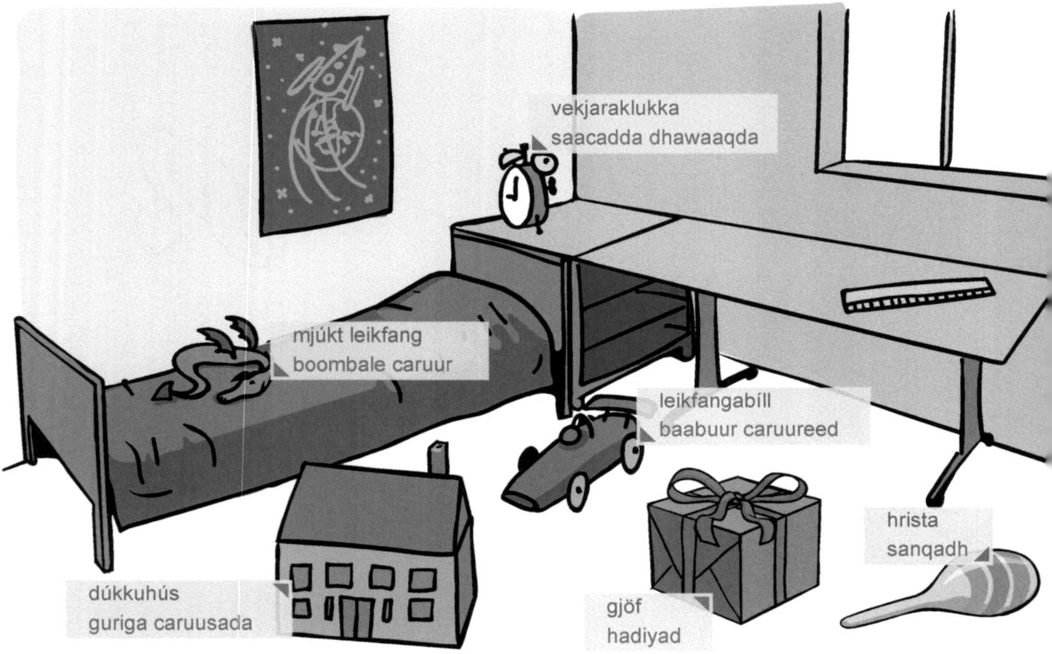

vekjaraklukka
saacadda dhawaaqda
mjúkt leikfang
boombale caruur
leikfangabíll
baabuur caruureed
hrista
sanqadh
dúkkuhús
guriga caruusada
gjöf
hadiyad

blaðra

buufin

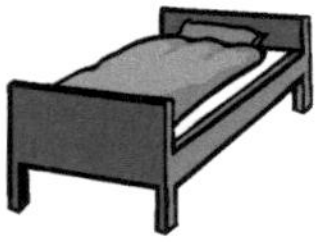

rúm

sariir

barnavagn

gaariga caruurta

spilastokkur

turub

púsluspil

miinshaar

myndasaga

maad

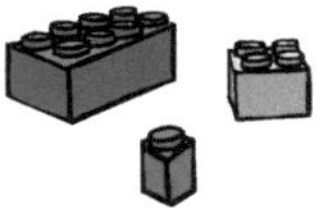

legókubbar

bulkeeti boombale ah

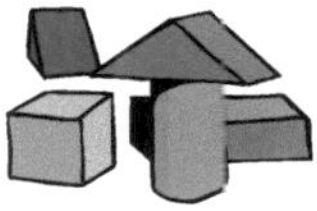

leikfangakubbar

tooy

leikfangakall

sanam

samfestingur

isku-jooga dhallaanka

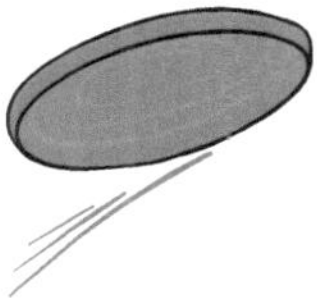

Frisbídiskur

aalad cayaar

órói

moobaayl

spilaborð

khamaar

teningar

laadhuu

lestarlíkan

moodo tareen

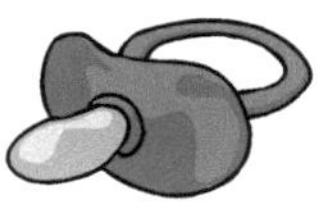

snuð

boombale

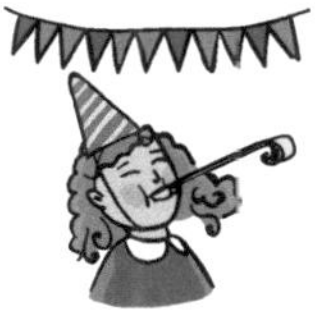

veisla

xaflad

myndabók

buug sawirro

bolti

kubbad

brúða

boombale

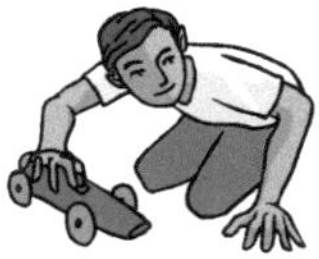

spila

cayaar

sandkassi

dhoobo-dhoobeey

sveifla

wiifoow

leikföng

alaab-alaabeey

leikjatölva

geemka gacanta laga hago

þríhjól

baaskiil

bangsi

boombale

fataskápur

armaajo dhar

föt

dhar

sokkar

sigisaan

kvensokkabuxur

sigsaan haween

sokkabuxur

surwaal-dhuuqsan

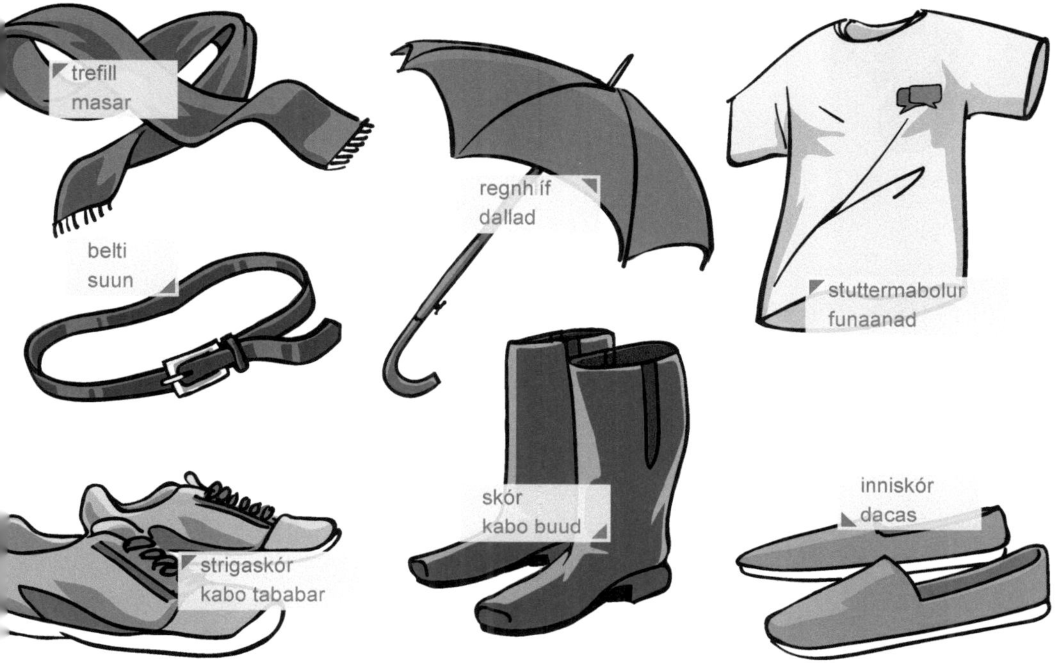
trefill
masar
regnh íf
dallad
stuttermabolur
funaanad
belti
suun
skór
kabo buud
inniskór
dacas
strigaskór
kabo tababar

sandalar

saandalo

skór

kabo

gúmmístígvél

kabo roob

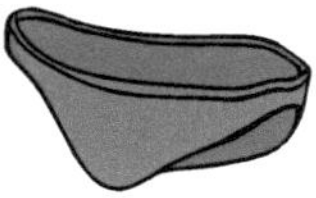

nærbuxur

hoos-gashi

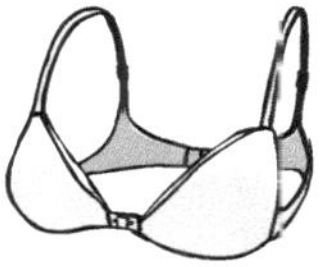

brjóstahaldar

rajabeeto

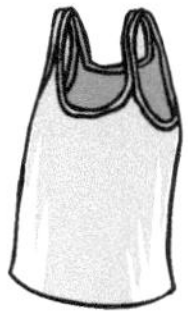

vesti

garan

samfella

jir

buxur

surwaal

gallabuxur

surwaal jeenis

pils

goono

blússa

canbuur

skyrta

shaati

peysa

funaanad-dhaxameed

hettupeysa

garan dhaxameed

jakki

jaakad fudud

jakki

jaakad

frakki

koodh

regnfrakki

koodhka roobka

dragt

dhar-munaasabadeed

kjóll

labbis

brúðarkjóll

lebbis aroos

jakkaföt

suut

náttkjóll

dhar-hurdo

náttföt

bajaamo

Sari

saari

höfuðslæða

masar

túrban

cimaamad

búrka

cabaayad

kaftan

saako

abaya

cabaayad

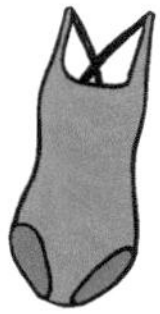

sundföt

dharka-dabaasha

sundbuxur

dabo-gaabyo

stuttbuxur

surwaal-dabagaab

íþróttagalli

taraak-suut

svunta

dufan-dhowr

hanskar

gacmo gashi

hnappur

galluus

gleraugu

ookiyaale

armband

jijin

hálsmen

silis

hringur

faraati

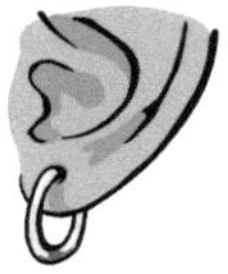

eyrnalokkur

dhego dhego

húfa

koofiyo

herðatré

katabaan

hattur

koofiyad

bindi

garabaati

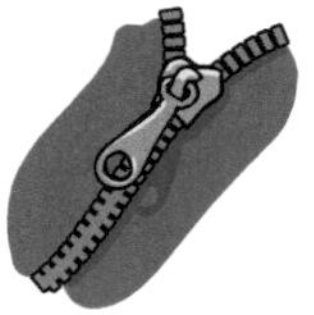

rennilás

jiinyeer

hjálmur

helmed

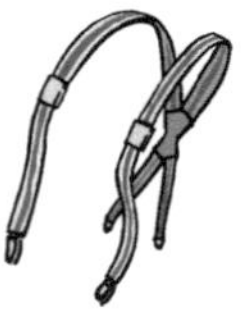

axlabönd

ilko-reeb

skólabúningur

direes dugsi

einkennisbúningur

direes

smekkur

cayo-dhowr

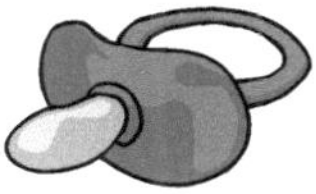

snuð

boombale

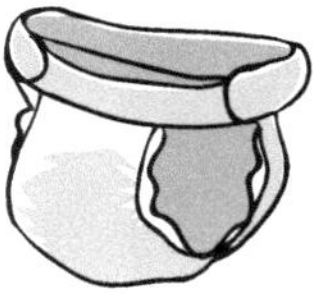

bleyja

maro-dufeed

skrifstofa

xafiis

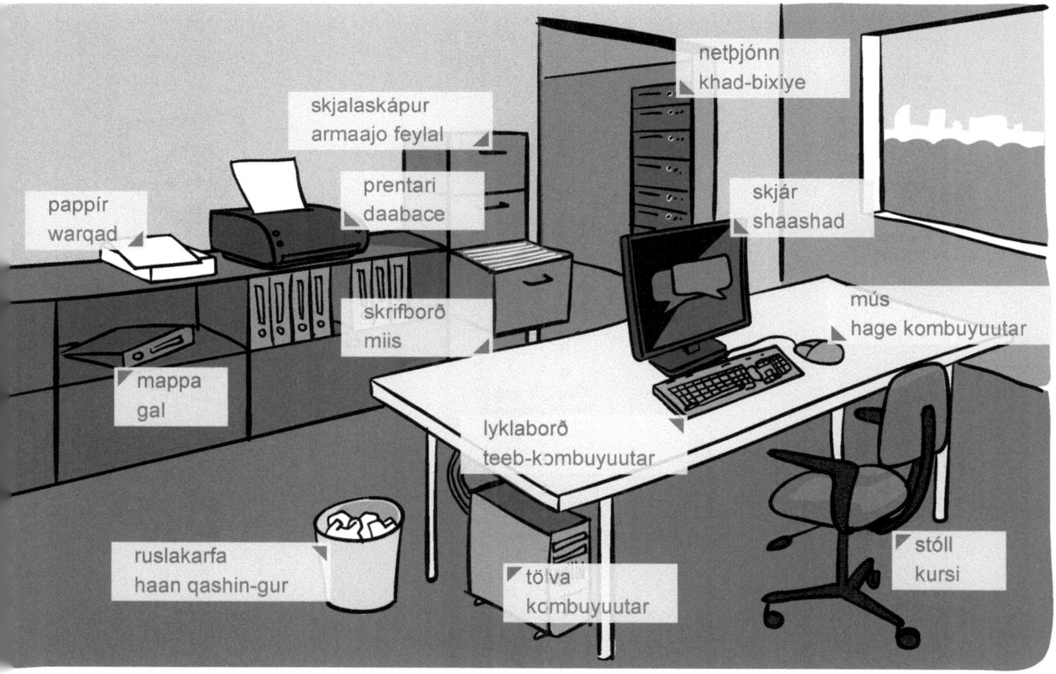

netþjónn
khad-bixiye
skjalaskápur
armaajo feylal
prentari
daabace
pappír
warqad
skjár
shaashad
skrifborð
miis
mús
hage kombuyuutar
mappa
gal
lyklaborð
teeb-kɔmbuyuutar
ruslakarfa
haan qashin-gur
tölva
kcmbuyuutar
stóll
kursi

kaffibolli

koob kafee

reiknivél

kalkuleytar/xisaabiye

internet

internet

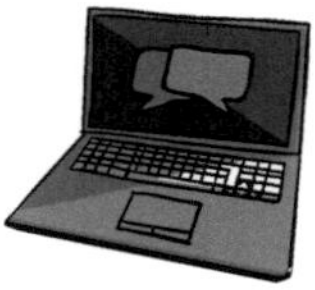

fartölva

laabtoob

bréf

bakhshad

1

skilaboð

fariin

farsími

moobaayl

net

shabakad-kombuyuutar

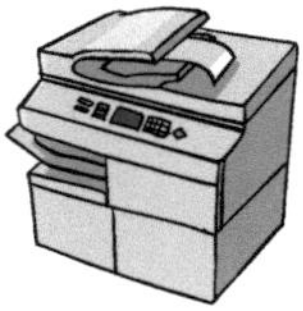

ljósritunarvél

footokoobi

hugbúnaður

barnaamij-kombuyuutar

sími

telefoon

innstunga

god koronto

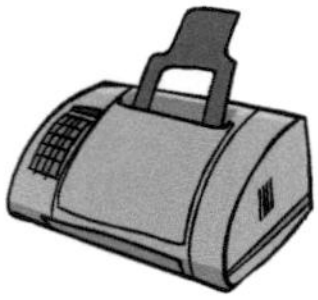

faxtæki

mishiinkan fax-ka

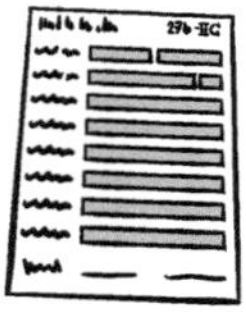

eyðublað

foomka

skjal

dokumenti

hagkerfi
dhaqaalaha

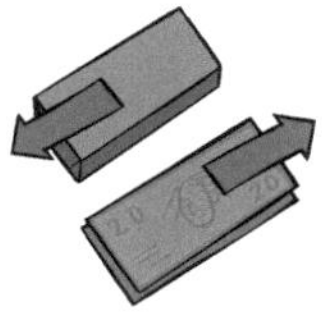

kaupa

iibso

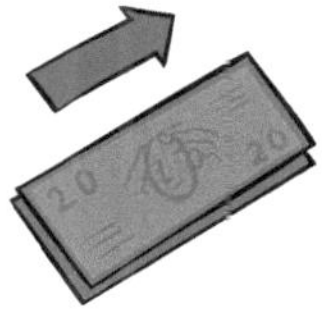

borga

bixi

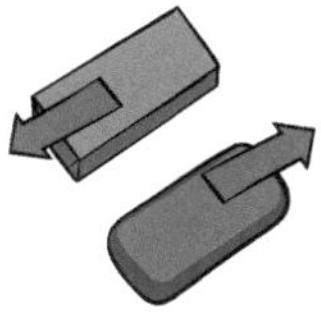

versla

ganacso

peningar

lacag

USD

dollari

doollar

EUR

evra

yuuro

JPY

jen

yenka jabbaan

RUB

rúbla

robolka ruushka

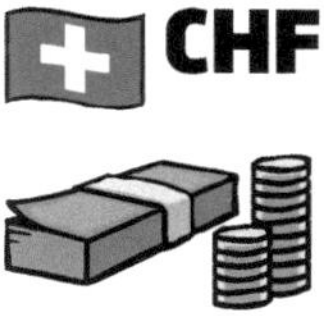
CHF

svissneskur franki

Franka iswiiska

CNY

renminbi yuan

lacagta shiinaha

INR

rúpíur

rubiyada hindiga

ATM

hraðbanki

maqal

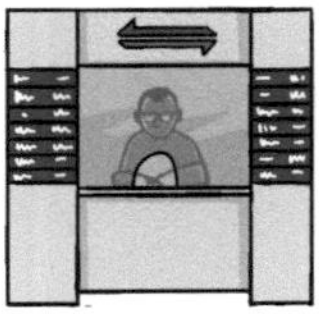

gjaldeyrisskipti

xafiiska sarrifaka lacagaha

gull

dahab

silfur

qalin

olía

shidaal

orka

tamar

36€

verð

qiime

samningur

qandaraas

skattur

canshuur

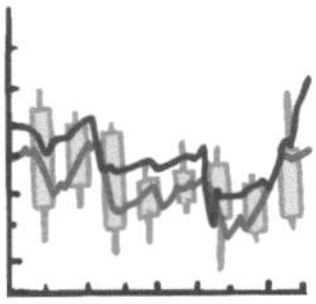

hlutabréf

raasumaal

vinna

shaqee

starfsmaður

shaqaale

vinnuveitandi

shaqaaleysiiye

verksmiðja

warshad

búð

dukaan

lögreglumaður
sarkaal booliis
slökkviliðsmaður
dab-demiye
kokkur
cunto-kariye
læknir
dhakhtar
flugmaður
duuliye

garðyrkjumaður

beeralley

smiður

nijaar

saumakona

timo-qurxiso

dómari

qaaddi

lyfjafræðingur

farmashiiste

leikari

jile

strætóbílstjóri

darawal bas

leigubílstjóri

taksiile

sjómaður

kalluumeyste

ræstitæknir

nadiifiso

þaksmiður

saqaf-dhise

þjónn

kabalyeeri

veiðimaður

ugaarsade

málari

rinjiile

bakari

rooti-dube

rafvirki

koronto-yaqaan

byggingaverkamaður

dhise

verkfræðingur

injineer

slátrari

kawaanle

pípari

tuubbiiste

póstmaður

boostaale

hermaður

askari

arkitekt

injineer-dhismo

gjaldkeri

qasnaji

blómasali

ubax-yaqaan

hárgreiðslumaður

timo-jare

lestarstjóri

kiro-uruuriye

vélvirki

makaanik

skipstjór

kabtan

tannlæknir

dhakhtar-ilko

vísindamaður

saaynisyahan

rabbíi

wadaad yahuud

Imam

imaam

munkur

xerow

prestur

wadaad

verkfæri
qalab

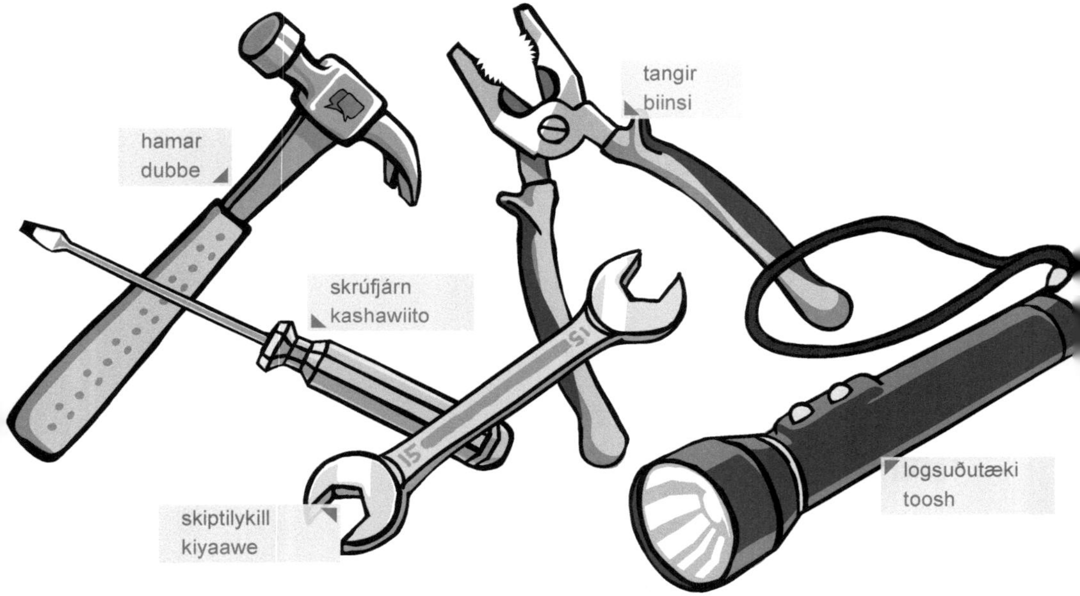
tangir
biinsi
hamar
dubbe
skrúfjárn
kashawiito
logsuðutæki
toosh
skiptilykill
kiyaawe

grafa
dhul-qoddo

verkfærataska
qalab-xajiye

stigi
jaraanjaro

sög
miinshaar

naglar
musbaarro

bor
dalooliye

gera við

dayactir

skófla

badiil

Fjandinn!

inkaar kugu dhacday!

fægiskófla

bus-xaabiye

málningarfata

gasacad rinji

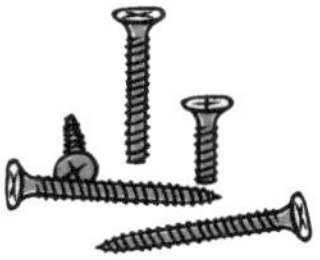

skrúfur

boolal

hljóðfæri
qalab muusiko

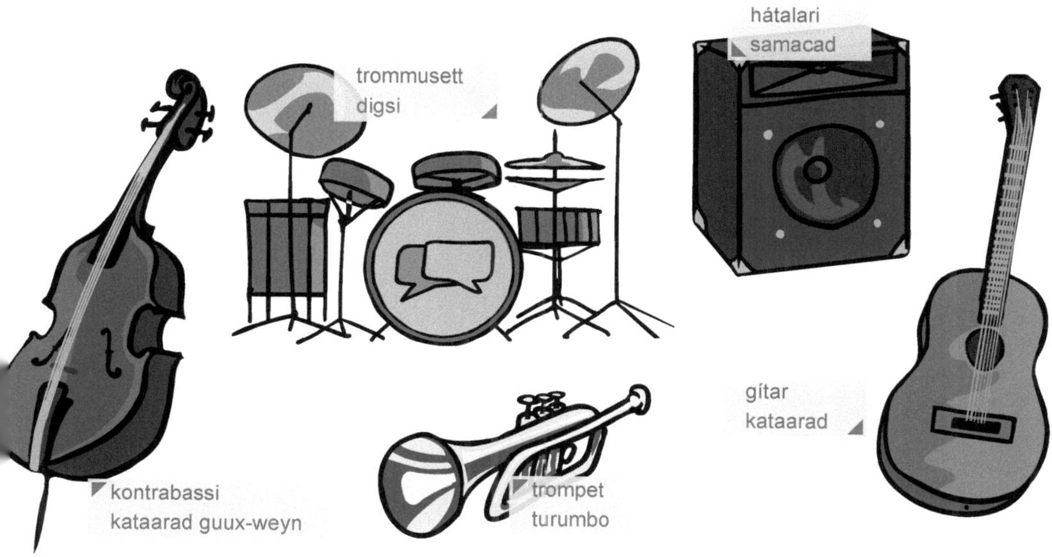
hátalari
samacad
trommusett
digsi
gítar
kataarad
kontrabassi
kataarad guux-weyn
trompet
turumbo

píanó

biyaano

fiðla

fiyooliin

bassi

karaarad guux-dheer

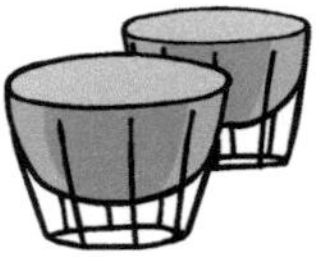

pákur

durbaan-sheegagle

trommur

durbaan

hljómborð

loox-xarfeed-biyaano

saxófónn

turumbo

flauta

siin-baar

hljóðnemi

makarafoon

dýragarður
beer-xayawaan

tígrisdýr
shabeel
inngangur
irrid
búr
qafis
sebrahestur
dameer-farow
fóður
baad-xayawaan
pandabjörn
baanda

dýr
xayawaan

fíll
maroodi

kengúra
kaangaruu

nashyrningur
wiyil

górilla
goriille

skógarbjörn
oorso

úlfaldi

geel

strútur

gorayo

ljón

libaax

api

daanyeer

flamingó

xiita-luga-dheer

páfagaukur

baqbaqaa

ísbjörn

oorso baraf-ku-nool

mörgæs

shimbir baraf

hákarl

libaax-badeed

páfugl

daa'uus

snákur

mas

krókódíll

yaxaas

dýragarðsvörður

beer-xayawaan ilaaliye

selur

bahal kalluun-cun

jagúar

shabeel-u-eke

hestur

dhal faras

hlébarði

harmacad

flóðhestur

jeer

gíraffi

geri

örn

gorgor

villisvín

doofaar-jilibeey

fiskur

kalluun

skjaldbaka

qubo

rostungur

maroodi-badeed

refur

dawaco

gasella

deero

íþróttir
isboortiga

Amerískur fótbolti
kubadda-cagta maraykanka
hjólreiðar
tartanka bashkuleetiga
tennis
kubbadda miiska
körfubolti
kubbadda koleyga
sund
dabaal
hnefaleikar
cayaarta feerka
íshokkí
hookiga barafka lagu dh

fótbolti

kubadda cagta

hnit

baadminton

frjálsar íþróttir

ciyaaraha fudud

handbolti

kubadda gacanta

skíði

iskii/ciyaarta barafka

póló

cayaar-faras

hlæja
qosol
hoppa
boodid
faðma
hab-siin
ganga
soco
syngja
hees
dreyma
riyo
biðja
duceyso
kyssa
dhunkasho

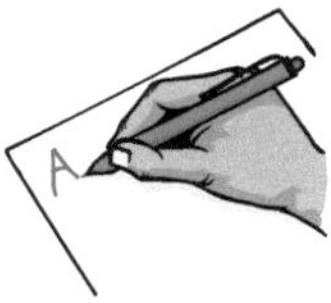

skrifa
qorraxeed

teikna
masawiric

sýna
muuji

ýta
riix

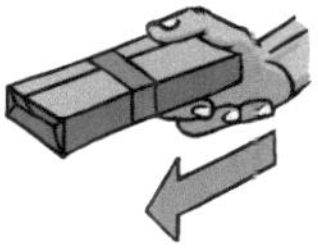

gefa
sii

taka
qaado

hafa

haysasho

gera

samee

vera

ahaansho

standa

istaag

hlaupa

orod

draga

jiid

kasta

tuur

detta

dhicid

ljúga

been-sheegid

bíða

sug

bera

qaad

sitja

fariiso

klæða sig

labiso

sofa

seexo

vakna

toos

líta á

fiiri

gráta

ooy

strjúka

dhuftay

greiða

shanleyso

tala

hadal

skilja

faham

spyrja

weydii

hlusta

dhageysasho

drekka

cab

borða

cun

taka til

habee

elska

jacayl

elda

kari

keyra

kaxee

fljúga

duulid

sigla

shiraaco

42

reikna

xisaabi

lesa

akhri

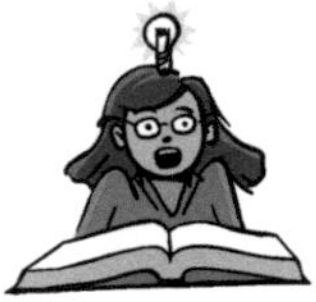

læra

barasho

vinna

shaqee

giftast

guurso

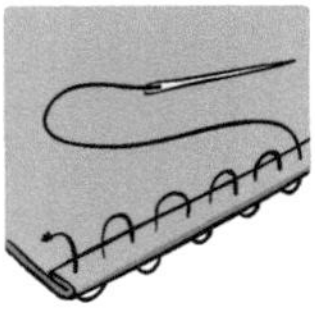

sauma

tol

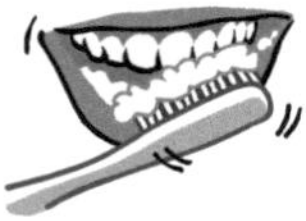

bursta tennur

cadayso

drepa

dilid

reykja

sigaar cab

senda

dir

amma
ayeeyo
afi
awoowe
faðir
aabbe
móðir
hooyo
barn
ilmo
dóttir
gabar
sonur
wiil

gestur

marti

frænka

eeddo

frændi

adeer

bróðir

walaal rag

systir

walaal dumar

líkami
jir

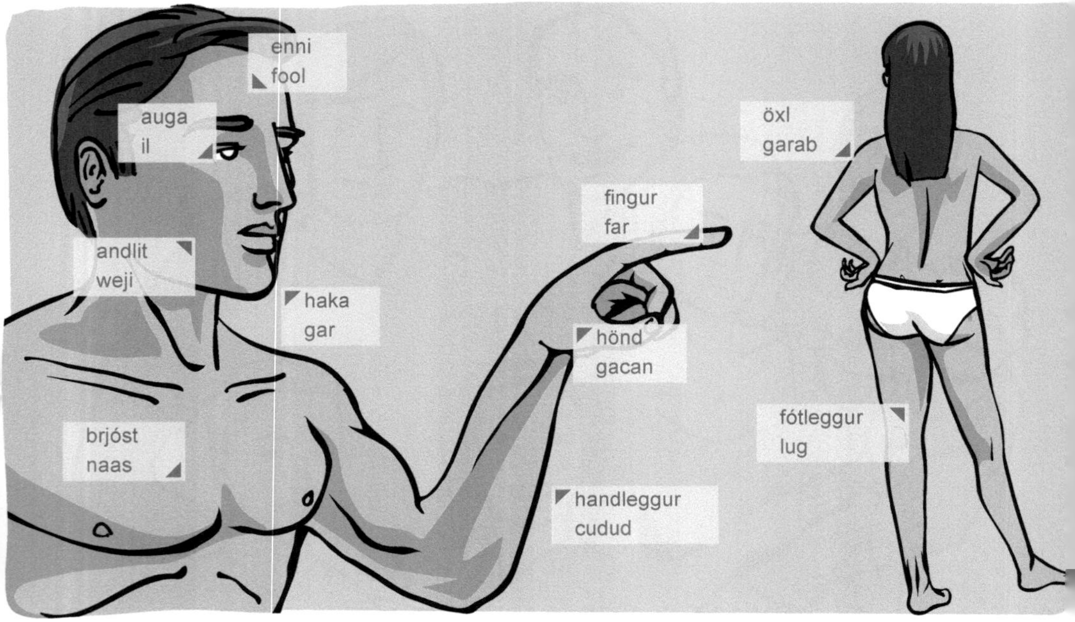
enni
fool
auga
il
andlit
weji
haka
gar
brjóst
naas
öxl
garab
fingur
far
hönd
gacan
fótleggur
lug
handleggur
cudud

barn
ilmo

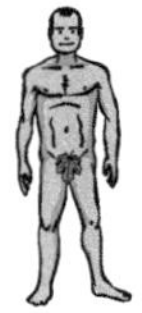
maður
nin

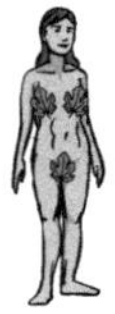
kona
naag

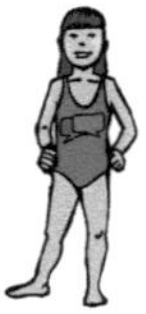
stúlka
gabar

drengur
wiil

höfuð
madax

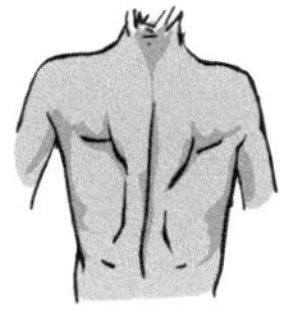

bak
dhabar

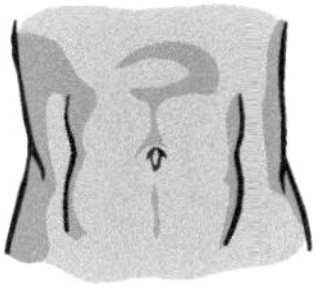

kviður
calool

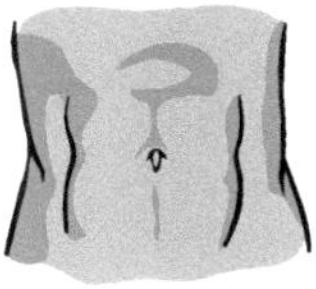

nafli
xuddun

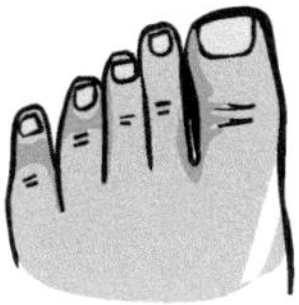

tá
suul

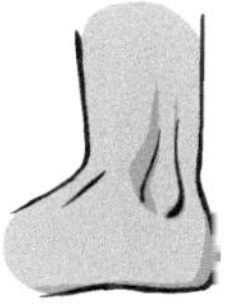

hæll
cirib

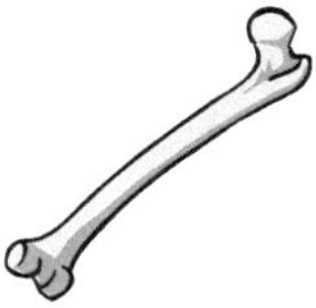

bein
laf

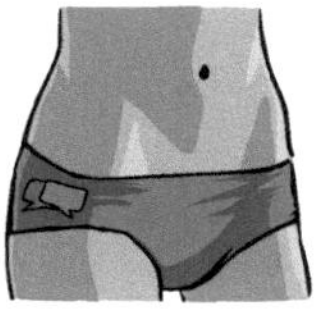

mjöðm
sin

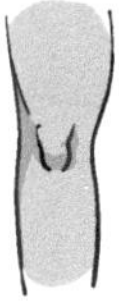

hné
jilib

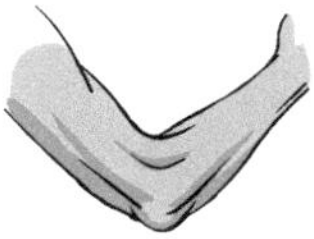

olnbogi
xusul

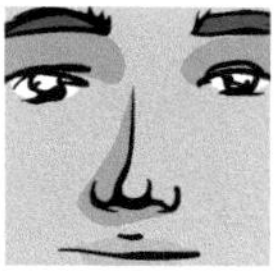

nef
san

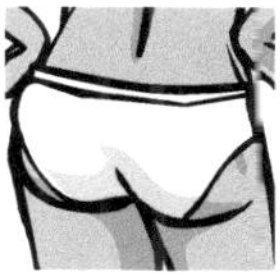

rass
bari

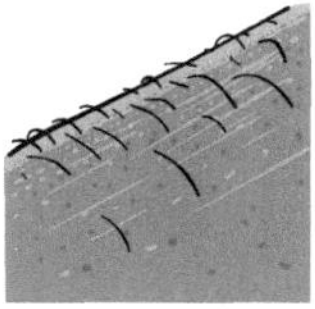

húð
maqaar

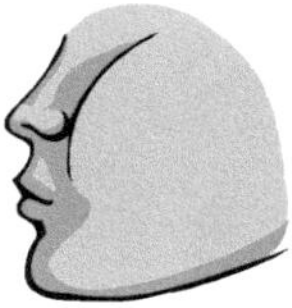

kinn
dhafoor

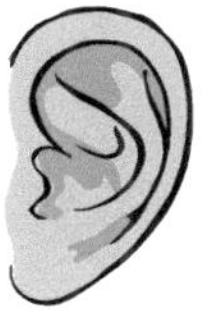

eyra
dheg

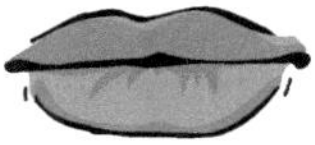

vör
bishin

munnur

af

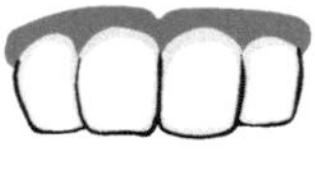

tönn

ilig

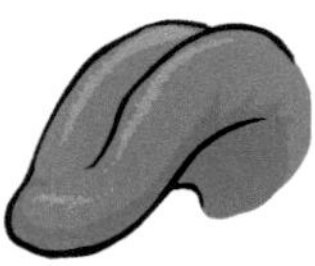

tunga

carrab

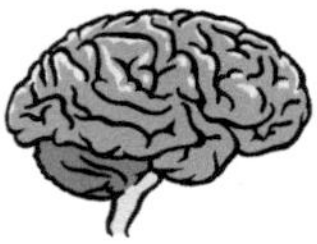

heili

maskax

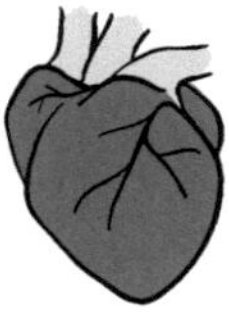

hjarta

wadno

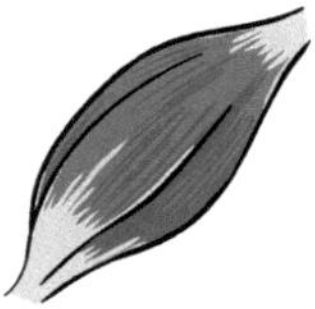

vöðvi

muruq

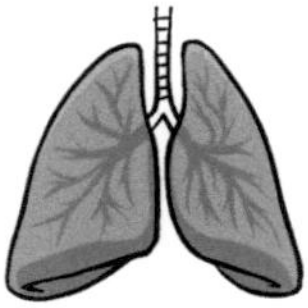

lunga

sambab

lifur

beer

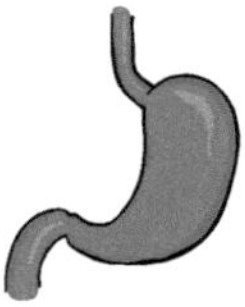

magi

uur kujirta caloosha

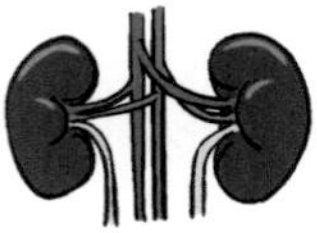

nýru

kelyo

kynmök

galmo

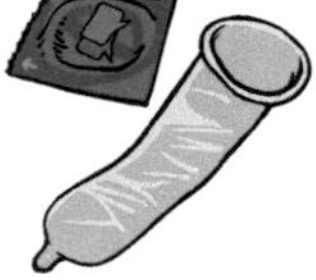

smokkur

cinjir-galmo

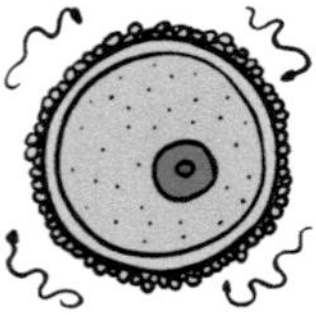

eggfruma

ugxan

sæði

shahwo

ólétta

uur

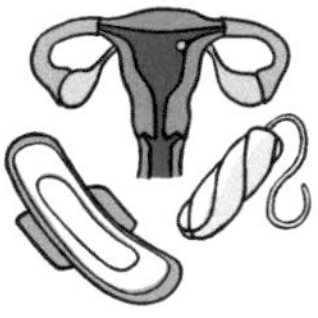

tíðir

caado

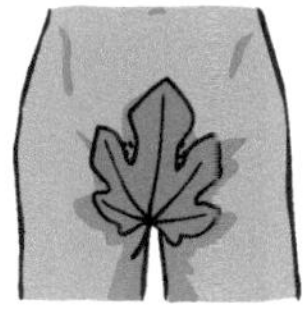

leggöng

siil

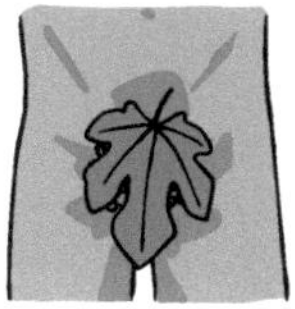

typpi

gus

augabrún

suni

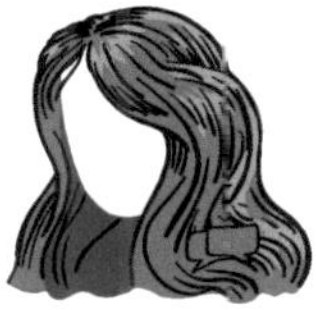

hár

timo

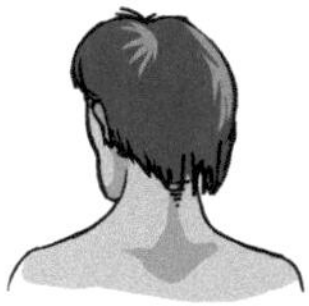

háls

qoor

sjúkrahús
isbitaal

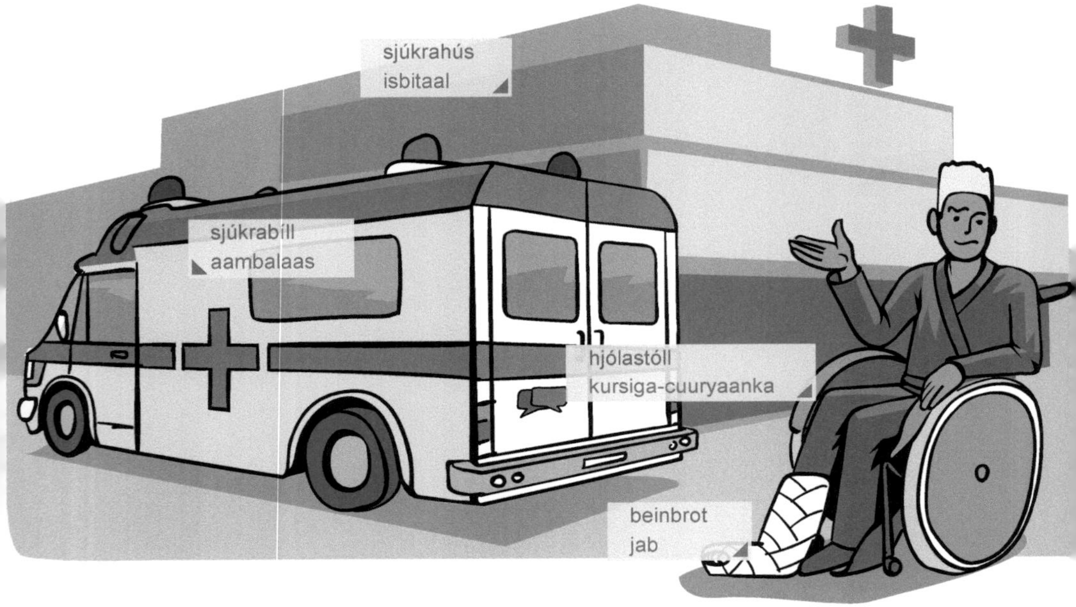
sjúkrahús
isbitaal
sjúkrabíll
aambalaas
hjólastóll
kursiga-cuuryaanka
beinbrot
jab

læknir
dhakhtar

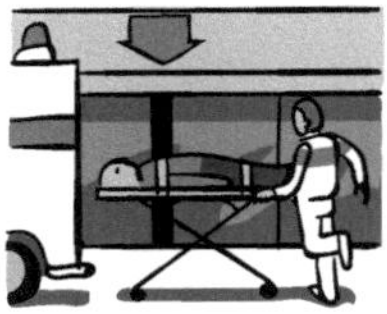

bráðamóttaka
qolka xaaladaha-degdega ah

hjúkrunarfræðingur
kalkaaliye

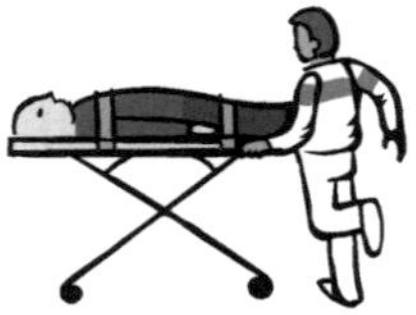

neyðartilvik
xaalad deg-deg ah

meðvitundarlaus
miyir-beelsan

verkir
xanuun

meiðsli

dhaawac

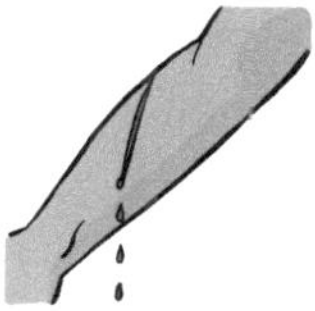

blæðing

dhiig-bax

hjartaáfall

wadno-xanuun

heilablóðfall

qallal

ofnæmi

xasaasiyad

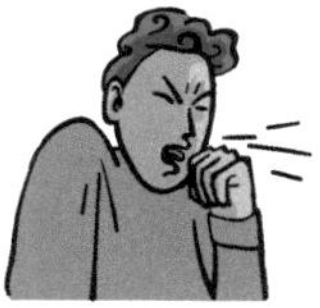

hósti

qufac

hiti

qandho

flensa

hargab

niðurgangur

shuban

höfuðverkur

madax-xanuun

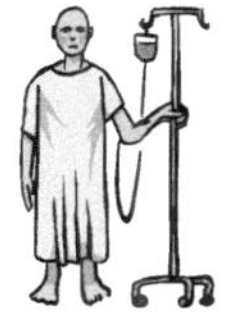

krabbamein

kansar

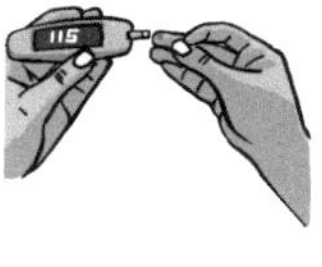

sykursýki

cudurka sokoroow

skurðlæknir

dhakhtarka-qalliinka

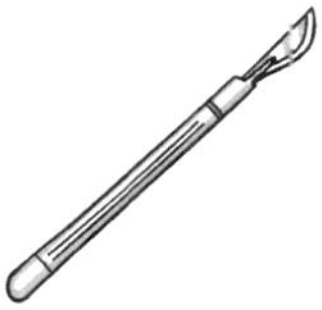

skurðhnífur

mindida qalliinka

aðgerð

qalliin

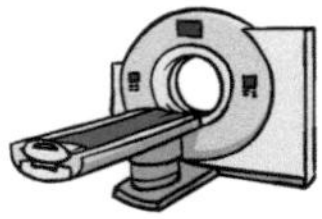

sneiðmyndataka

iskaan

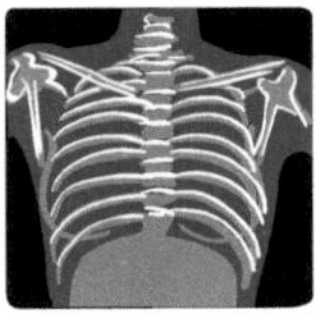

röntgengeisli

raajo

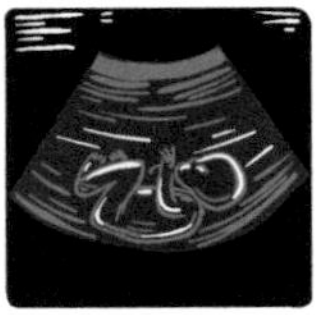

ómskoðun

dhawaaq-xawaareed

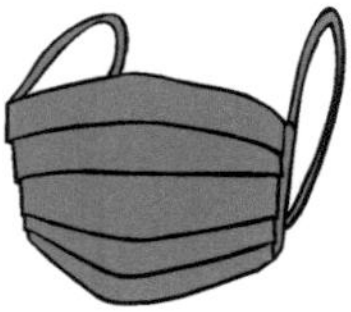

andlitsgríma

maaskaro

sjúkdómur

cudur sokoroow

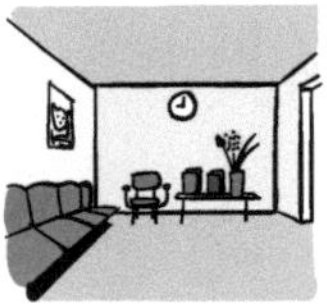

biðstofa

qolka sugitaanka

hækja

ul lagu boodo

gifs

kab

sáraumbúðir

faashato

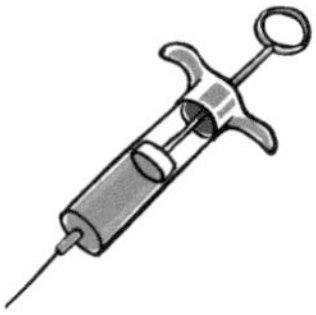

sprauta

duris

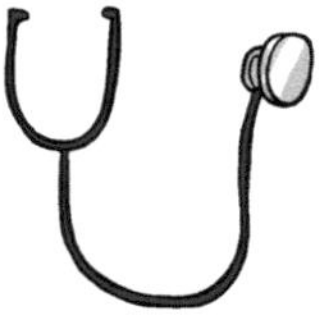

hlustunarpípa

wadne-dhegeyeste

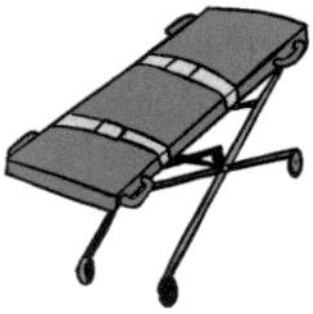

börur

balankiino

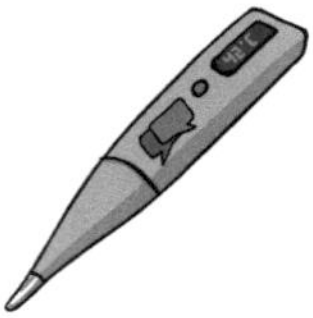

líkamshitamælir

heer-kul-beega qandhada

fæðing

dhalasho

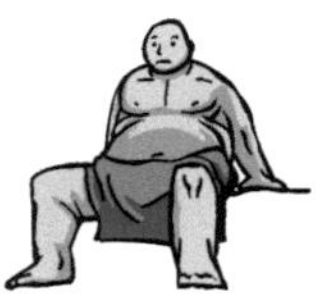

yfirvigt

aad-u-cayilan

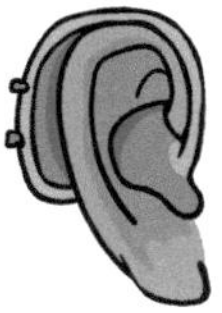

heyrnartæki

maqal-caawiye

sótthreinsiefni

jeermis-cile

sýking

caabuq

veira

feyras

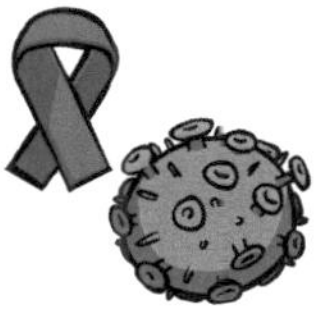

HIV / AIDS

AYDHIS/HIV

lyf

daawo

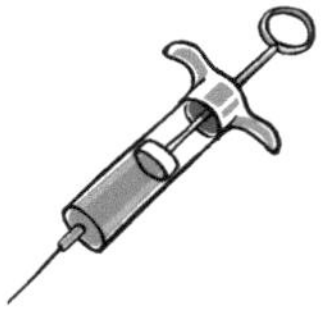

bólusetning

tallaal

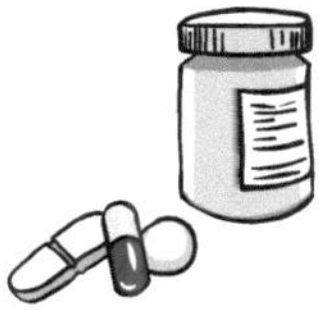

töflur

kaniiniyo

pilla

kaniin

neyðarsímtal

wicitaan deg-deg ah

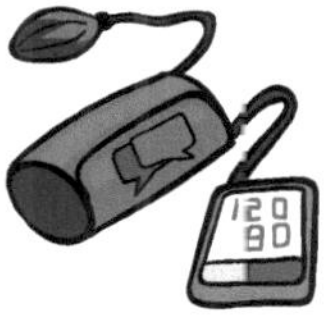
120
80

blóðþrýstingsmælir

cabbiraha dhiig-karka

lasinn / heilbrigður

xanuunsan / caafimaadsan

neyðartilvik
xaalad deg-deg ah

Hjálp!

i caawiya!

viðvörun

sawaxan

líkamsárás

weerar-kadisa ah

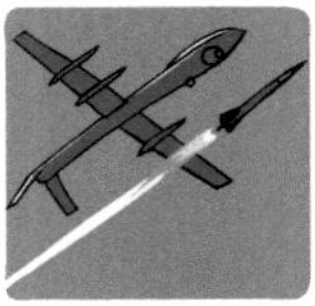

árás

weerar

hætta

khatar

neyðarútgangur

irridda bixida xaalad-deg-deg

Eldur!

dab!

slökkvitæki

dab demiye

slys

shil

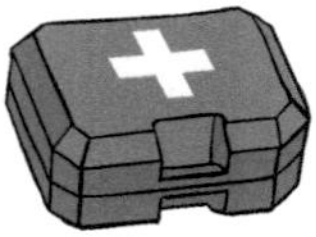

skyndihjálparbúnaður

saduuqa xaalada-degdega ah

SOS

SOS

codsi badbaado

lögregla

booliis

Evrópa

Yurub

Norður-Amer ka

woqooyiga ameerika

Suður-Ameríka

koonfurta ameerika

Afríka

Afrika

Asía

Aasiya

Ástralía

Oostareeliya

Atlantshaf

Atlaantik

Kyrrahaf

Pacific

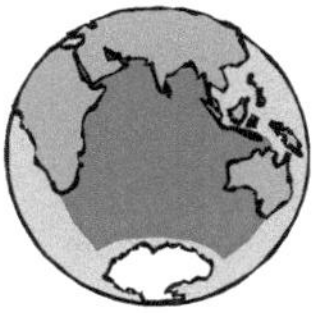

Indlandshaf

Bad-waynta hindiya

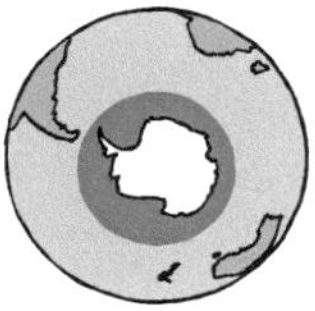

Suður-Íshaf

Bad-waynta antarctica

Norður-Íshaf

Bad-waynta arctic

Norðurpóll

cirifka waqooyi

Suðurpóll

cirifka koonfureed

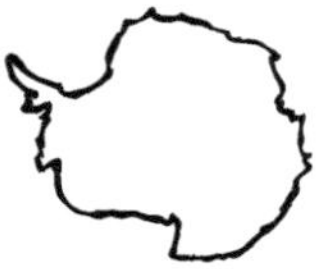

Suðurskautslandið

Antarctica

Jörð

dhul

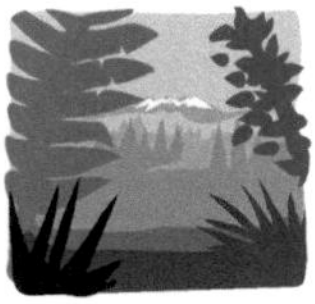

land

dhul

sjór

bad

eyja

jasiirad

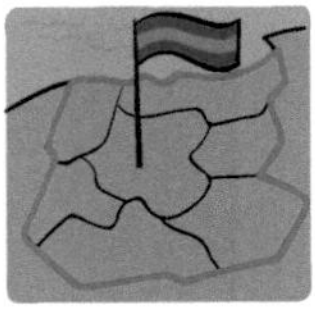

þjóð

waddan

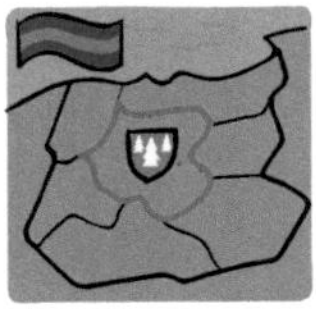

ríki

gobol

klukka
saacad

klukkuskífa

wajiga saacadda

litli vísir

gacanka saacada

stóri vísir

gacanka daqiiqada

sekúnduvísir

gacanka ilbiriqsiga

Hvað er klukkan?

waa intee saac?

dagur

maalin

tími

wakhti

nú

hadda

10:25

tölvuúr

saacadda jiifarrada

mínúta

daqiiqad

klukkustund

saacad

vika
toddobaad

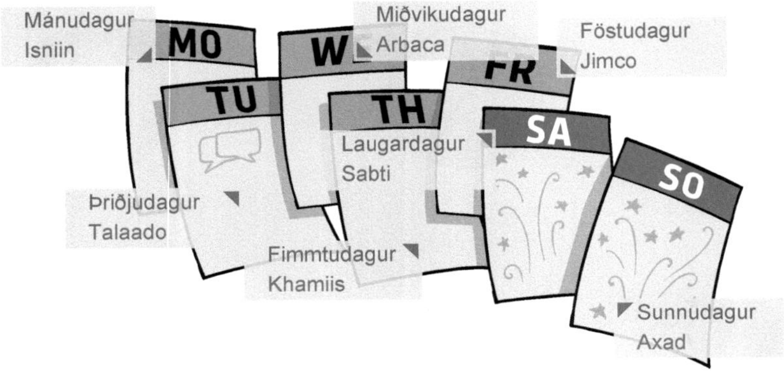

Mánudagur
Isniin
MO
Þriðjudagur
Talaado
TU
Miðvikudagur
Arbaca
W
Fimmtudagur
Khamiis
TH
Föstudagur
Jimco
FR
Laugardagur
Sabti
SA
Sunnudagur
Axad
SO

TUE
MON
1

í gær

shalay

TUE
2

í dag

maanta

TUE
3

á morgun

berri

morgunn

subax

hádegi

duhur

kvöld

casir

MO TU WE TH FR SA SU
1 2 3 4 5 6 7
8 9 10 11 12 13 14
15 16 17 18 19 20 21
22 23 24 25 26 27 28
29 30 31 1 2 3 4

virkir dagar

maalmaha shaqo

MO TU WE TH FR SA SU
1 2 3 4 5 6 7
8 9 10 11 12 13 14
15 16 17 18 19 20 21
22 23 24 25 26 27 28
29 30 31 1 2 3 4

helgi

dabayaaqada usbuuca

ár

sanad

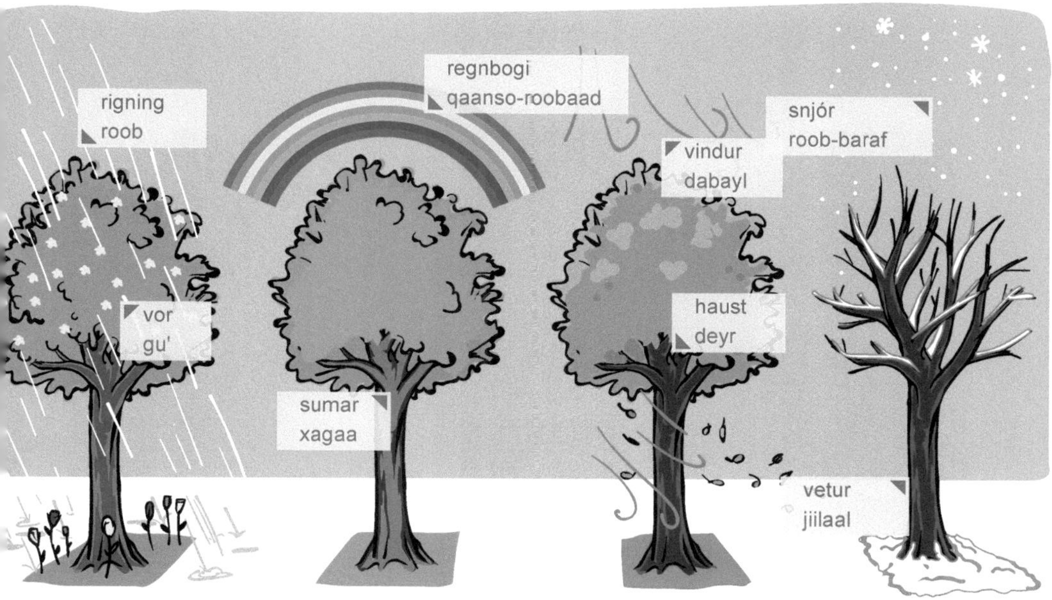
rigning
roob
regnbogi
qaanso-roobaad
vindur
dabayl
snjór
roob-baraf
vor
gu'
sumar
xagaa
haust
deyr
vetur
jiilaal

4.APRIL 11°
5.APRIL 4°
6.APRIL 13°
7.APRIL 8°
8.APRIL 10°

veðurspá

saadaal hawo

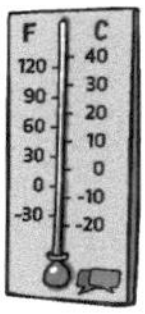
F
C

hitamælir

heer-kul baare

sólskin

qorraxeed

ský

daruur

þoka

ceeryaamo

raki

huur

eldingar

jac

þrumuveður

onkod

stormur

duufaan

haglél

roob-baraf

monsún

maansuun

flóð

daad

ís

baraf

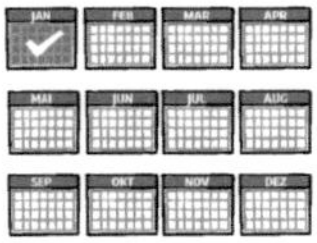

Janúar

Jannaayo

Febrúar

Febraayo

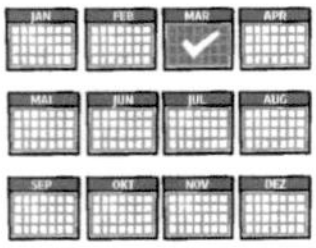

Mars

Maarso

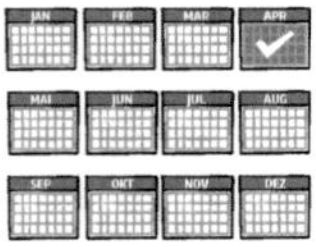

Apríl

Abriil

Maí

Mey

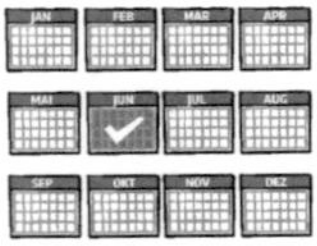

Júní

Juun

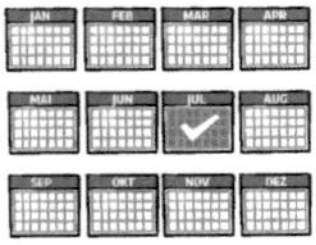

Júlí

Luulyo

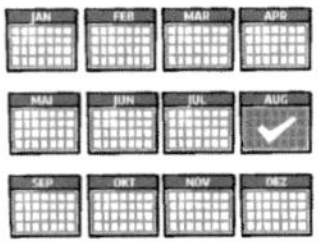

Ágúst

Agoosto

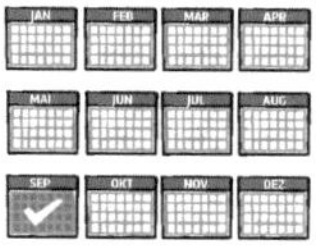

September
Sebteember

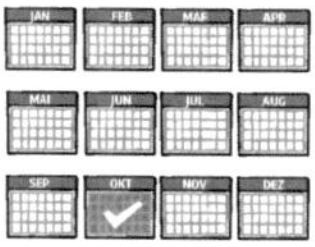

Október
Oktoobar

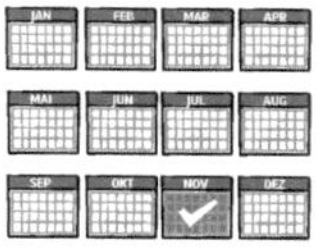

Nóvember
Nofeember

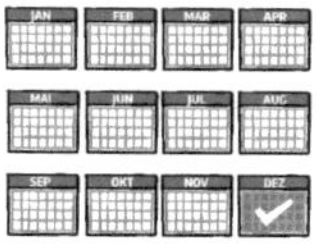

Desember
Diseember

form
qaababka

hringur
goobaabo

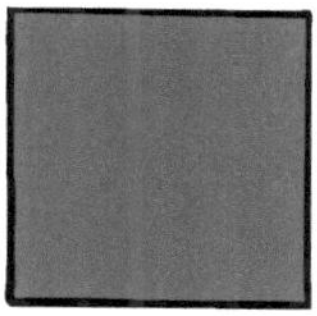

ferningur
afar-gees

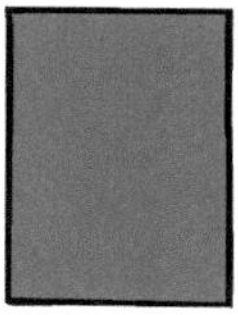

rétthyrningur
leydi

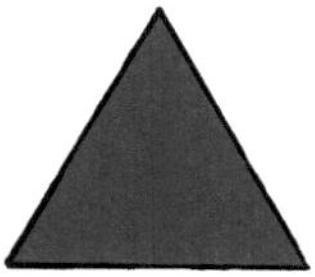

þríhyrningur
saddex-xagal

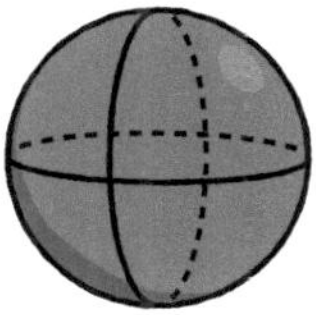

kúla
wareeg

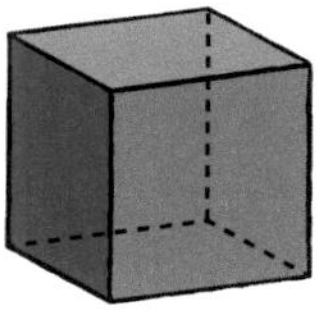

teningur
bokis

litir

midabbo

hvítur

caddaan

gulur

hurdi

appelsínugulur

oranji

bleikur

guduud-khafiif

rauður

casaan

fjólublár

carwaajis

blár

bluug

grænn

cagaar

brúnn

boroon

grár

cawl

svartur

madow

andstæður

iska-soo-hoorjeeda

mikið / lítið

badan / yar

reiður / rólegur

caro / daganɛan

fallegur / ljótur

qurxoon / foolxun

upphaf / endir

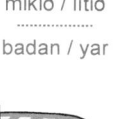

billow / dhammaad

stór / lítill

yar / weyn

bjartur / dimmur

iftiin / mugdi

bróðir / systir

walaalkaa / walaashaa

hreinn / óhreinn

nadiif / wasakhaysan

heill / ófullnægjandi

buuxa / dhantaalan

dagur / nótt

maalin / habeen

dauður / lifandi

dhintay / noo

breiður / mjór

ballaaran / ciriiri ah

ætur / óætur

la cuni karo / aan la cuni karin

vondur / góður

arxan-daran / naxariis-badan

spenntur / leiður

faraxsan / caajisan

feitur / mjór

buuran / caateysan

MO
TU
WE
TH
FR
SA
SO

fyrstur / síðastur

ugu horeeya / ugu dambeeya

vinur / óvinur

saaxiib / cadaw

fullur / tómur

maran / buuxa.

harður / mjúkur

adag / jilicsan

þungur / léttur

culus / fudud

svangur / þyrstur

gaajo / oon

lasinn / heilbrigður

xanuunsan / caafimaadsan

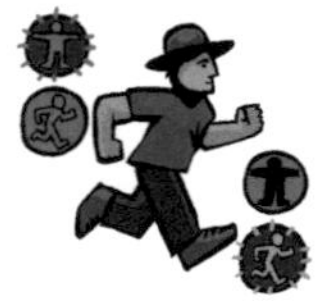

ólöglegur / löglegur

sharci-darro / sharci

greindur / heimskur

caaqil / dabbaal

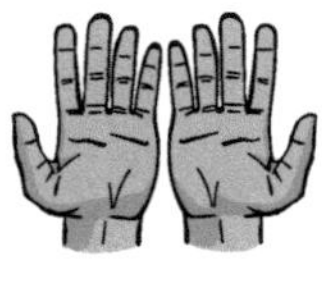

vinstri / hægri

bidix / midig

nálægur / fjarlægur

dhow / fog

nýr / notaður

cusub / duug

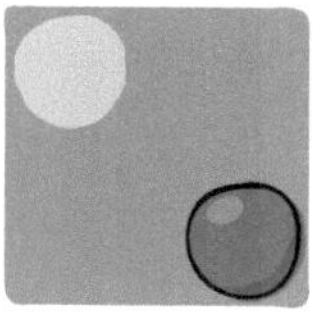

ekkert / eitthvað

waxba / wax

gamall / ungur

da' / dhalinyar

kveikt / slökkt

daaris / damin

opna / loka

furan / xiran

Lágvær / hávær

aamusnaan / cod-dheer

ríkur / fátækur

taajir / sabool

rétt / rangt

sax / khalad

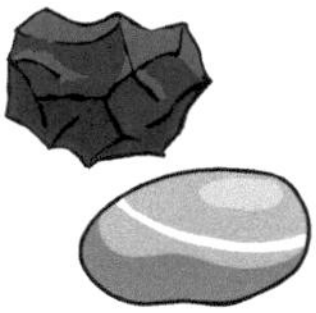

grófur / sléttur

jilif leh / sabiibax

sorgbitinn / hamingjusamur

murugsan / faraxsan

stutt / lengi

gaaban / dheer

hægt / hratt

tartiib / dhaqsi

blautur / þurr

qoyaan / qalleyl

heitur / kaldur

qandac / qabow

stríð / friður

dagaal / nabad

tölur
lambarro

0

núll

eber

1

einn

kow

2

tveir

laba

3

þrír

saddex

4

fjórir

afar

5

fimm

shan

6

sex

lix

7

sjö

toddoba

8

átta

sideed

9

níu

sagaal

10

tíu

toban

11

ellefu

kow iyo toban

12

tólf

laba iyo toban

13

þrettán

sadex iyo toban

14

fjórtán

afar iyo toban

15

fimmtán

shan iyo toban

16

sextán

lix iyo toban

17

sautján

todoba iyo toban

18

átján

sideed iyo toban

19

nítján

sagaal iyo toban

20

tuttugu

labaatan

100

hundrað

boqol

1.000

þúsund

kun

1.000.000

milljón

malyuun

tungumál
luuqado

Enska
Af ingiriis

Amerísk enska
Ingiriiska Mareykanka

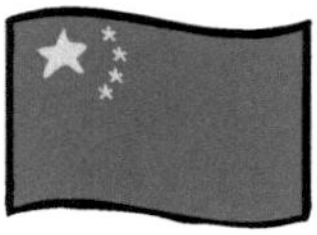

Mandarin-kínverska
Mandariinka Shiinaha

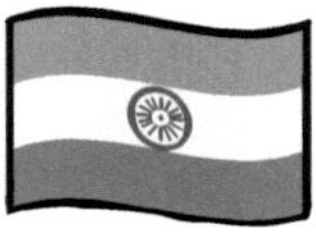

Hindí
Hindi

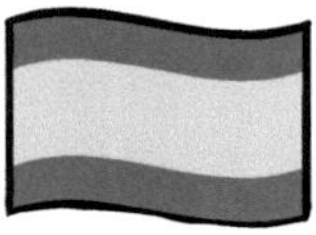

Spænska
Boortaqiis

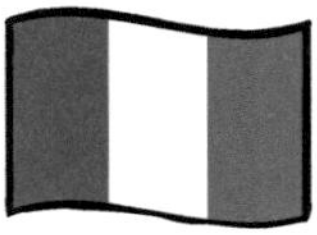

Franska
Faransiis

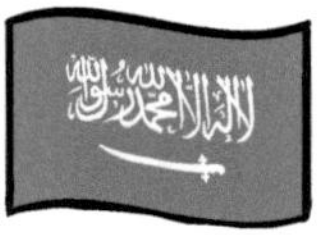

Arabíska
Carabi

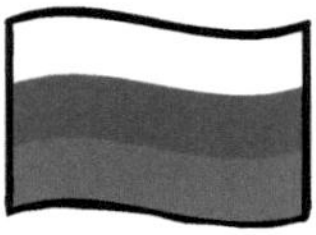

Rússneska
Ruush

Portúgalska
Boortaqiis

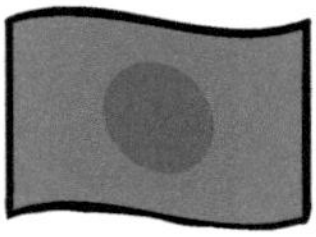

Bengali
Bengaali

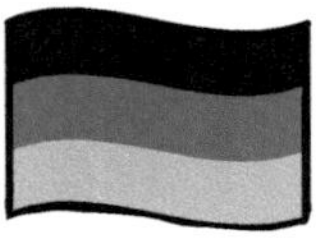

Þýska
Jarmal

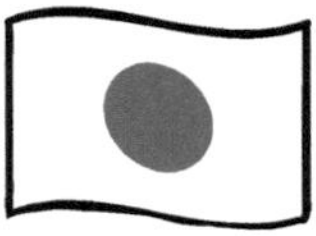

Japanska
Jabaaniis

hver / hvað / hvernig
kee / maxay / sidee

ég
aniga

þú
adiga

hann / hún / það
asaga / ayada

við
annaga

þú
idinka

þeir
ayaga

hver?
kee?

hvað?
maxay?

hvernig?
sidee?

hvar?
xagee?

hvenær?
goorma?

HELLO, I AM
nafn
magac

hvar
xaggee

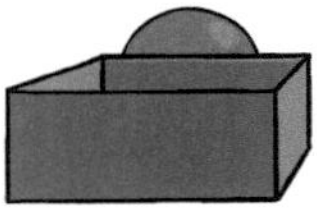

bakvið

gadaal

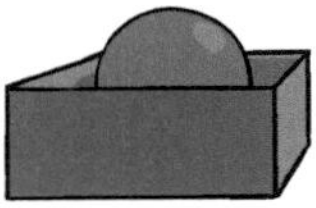

í

gudaha

fyrir framan

horta

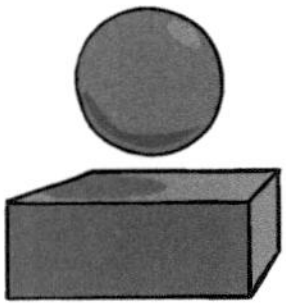

yfir

ka sare

á

dusha

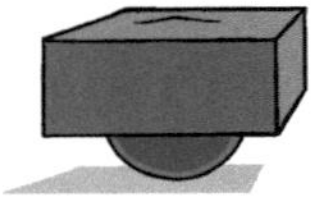

undir

ka hooseeya

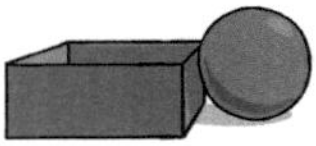

við hliðina

dhinac

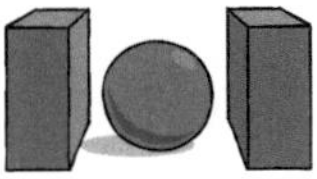

milli

u dhexeeya

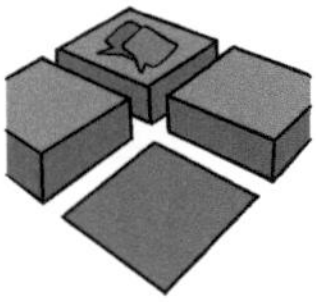

sæti

meel